SEHNSUCHTSORTE
AN DER ADRIA

Versteckte Kleinode überall – Pula

Britta Ramhapp

Sehnsuchts-orte an der Adria

GRADO · TRIEST · PIRAN · PORTOROŽ · PULA · OPATIJA

Styria
VERLAG

STYRIA
BUCHVERLAGE

Wien – Graz – Klagenfurt

ISBN 978-3-222-13586-6

Bücher aus der Verlagsgruppe Styria gibt es
in jeder Buchhandlung und im Online-Shop
www.styriabooks.at

Projektleitung und Lektorat: Nicole Richter
Layout: designation e.U., Klagenfurt
Covergestaltung: Florian Zwickl

Druck und Bindung: DZS Grafik
Printed in the EU
7 6 5 4 3 2 1

INHALT

Grado

DIE GRAZIÖSE SCHÖNHEIT

Triest

DIE SCHÖNE ALTÖSTERREICHERIN

Piran

DIE AUF SALZ GEWACHSENE STADT

Portorož

DIE ROSENBUCHT DER BENEDIKTINER

Pula

KLEINES FISCHERDORF, STOLZER K. U. K. MARINEHAFEN

Opatija

DIE PERLE DER ADRIA

Sehnsucht, ein Wort, das in der deutschen Sprache so unendlich viel transportiert und etwas in uns schwingen lässt, das schwer zu beschreiben ist. Ein Gefühl – und ich denke, Sie stimmen mit mir überein, da Sie dieses Buch in Händen halten –, das man verspürt, wenn man an die berühmten Orte der Oberen Adria denkt, die auf den kommenden Seiten Hauptdarsteller sein werden.

Dieses Buch führt nach Grado und Triest, nach Piran und Portorož, nach Pula und Opatija – sechs Orte am Meer, die eines gemeinsam haben: Sie waren einst die berühmtesten Reiseziele des Österreichischen Küstenlandes, einer Region, die sich vom Golf von Triest die Küste entlang bis nach Istrien zog.

Ich möchte Sie einladen zu einer Zeitreise, die zu den unzähligen, oftmals versteckten Erinnerungen und Sehenswürdigkeiten der k. u. k. Monarchie führt. Wir reisen zu den eleganten Grandhotels, die entstanden, als der Kur- und Badebetrieb an der Oberen Adria seine ersten zaghaften Schritte tat, und sich in unseren Gefilden eine romantische Sehnsucht nach dem Süden entwickelte, die uns alle bis heute nicht mehr loslässt.

Wir starten in Grado, dessen Karriere in Zeiten der Habsburgermonarchie als Fischlieferant begann und das für viele von uns zum besonders nahen Lieblingsort am Meer geworden ist. Wir spüren dem imperialen Glanz Triests nach, das über 500 Jahre im Fokus des österreichischen Seehandels stand, erkunden Piran mit seiner Salzproduktion, die sich ein bisschen „wie früher" anfühlt, spazieren entspannt am Meer entlang nach Portorož und besuchen Pula, das vom verschlafenen Fischerdorf zum wichtigsten österreichischen Marinehafen aufstieg und das industrielle Erbe bis heute lebendig hält. Opatija, die Perle des Südens, dessen Zauber bis heute nachklingt, beschließt unsere Reise zu den Traumzielen der Ära zwischen Mitte bzw. Ende des 19. und Anfang des 20. Jahrhunderts.

Doch dieses Buch ist nicht nur eine Spurensuche, es soll vielmehr eine Brücke ins „Jetzt" schlagen und zeigen, wo man immer noch stilvoll das Flair vergangener Zeiten genießen und einige wunderbare Urlaubstage auf den Spuren des frühen Tourismus verbringen kann …

Ich wünsche Ihnen viel Vergnügen beim Erkunden der Sehnsuchtsorte an der Adria!

Britta Ramhapp

Blick in den romantischen Hafen von Piran

SR 352
Via Trieste
Via Lungan
Riva Bersaglieri
Riva Enrico Dandolo
Riva Z. Gregori
ISOLA DELLA SCHIUSA
Viale Papa Giovanni XXIII
Piazza San Marco
Riva Slataper
Via G. Carducci
Viale Dante A
Via A. Manzoni
Piazza Duca D'Aosta
Viale Europa Unita
ALTSTADT
Campo Patriarchi
Grand Hotel Astoria
Spiaggia Principale
Spiaggia Settimo Cielo
Fortino
Piazza Biagio Marin
Diga/Lungomare Nazario Sauro
250 m
1–2
3
4
5
6
7
8
9
10
11
12
13
14
15
16
17

Grado

DIE GRAZIÖSE SCHÖNHEIT

Einwohner: **8 222 (31.12.2016)**
Größe: **114 km² inkl. Lagune**
Lage: **An der Nordküste der italienischen Adria an der Grenze zwischen dem Golf von Venedig und dem Golf von Triest in der Region Friaul-Julisch Venetien**
Koordinaten: **45° 40′ 40″ N, 13° 23′ 41″ O**
Sprache: **Italienisch**
Information: **PromoTurismoFVG, Info Point Grado, Viale Dante Alighieri 72, 34073 Grado, Tel. +39 0431 877111, www.turismofvg.it/Ort/Grado**

Grado, das friulanische Städtchen am Beginn des Golfs von Triest, ist heute wie Ende des 19. Jahrhunderts für viele ein „Lieblingsort" am Meer. Hier mischen sich Kindheitserinnerungen mit einer nicht enden wollenden Sehnsucht nach dem Süden. Was Grado so einmalig macht, ist neben seiner hundertjährigen österreichischen Geschichte vor allem die Lage inmitten einer einzigartigen Naturlandschaft. Neben den Inseln der Lagune gibt es Naturreservate, Rad- und Wanderwege und, besonders wichtig, die „goldenen Strände", die der Stadt ihren Beinamen „Isola d'oro" gegeben haben.

Grado lebte einst vom Fischfang und auch heute noch sieht man am Hafen das ganze Jahr über die Fischerboote von ihrer Arbeit heimkehren und den frischen Fang verladen. Die fabelhafte Restaurantszene der Stadt profitiert von diesem Angebot und so heißt Grado das ganze Jahr über seine Gäste mit einem besonderen kulinarischen Angebot willkommen. Dies im Paket mit Kulturevents und den Erinnerungen an die Monarchie macht Grado zu einem beliebten Ziel für alle, die den nahen Süden lieben.

GRADOS GESCHICHTE

Wie zahlreiche Städte am Mittelmeer verdankt auch Grado seine Anfänge den Römern. Im 2. und 3. Jahrhundert entwickelte sich hier ein römischer Hafen mit einem militärisch befestigten **„Castrum"**. Aus dieser Zeit stammt auch der Name „Ad Aquas Gradatas". Die römische Siedlung hatte in etwa die Größe der heutigen Altstadt und ist an vielen Ecken immer noch zu erkennen. Nach dem Untergang des Römischen Reiches zogen über Jahrhunderte **Hunnen, Westgoten und Langobarden** plündernd durch die Region und das damalige Grado erlebte wegen seiner geschützten Lage einen großen Zustrom an Menschen. Der unsichere und nur schwer zu überwindende Lagunenboden half, Reiterhorden abzuhalten und die flachen Sandstrände ließen Kriegsschiffe schon weit vor der Stadt schutzlos auflaufen. Unter diesen Voraussetzungen wuchs Grado zu einem stattlichen Städtchen heran. Der **Patriarch von Aquileia** zog mit seinem Bischofsstuhl sogar ganz nach Grado, als Aquileia erneut von den Hunnen überrannt wurde. Noch heute lachen die Gradeser, dass nicht einmal Attila der Hunnenkönig Interesse an der Schar von Verrückten gehabt habe, die hier leben.

In der Zeit dieser großen Völkerwanderungen entstand um 456 die erste Basilika der Stadt, die der heiligen Euphemia von Chalkedon geweiht wurde. Im 6. Jahrhundert wurde Grado **dauerhafter erzbischöflicher Sitz** und unter dem Patriarchen Elias, Bischof von Grado und Aquileia, begann eine **Blütezeit für die Stadt.** Es entstanden prächtige Kirchen, Klöster, Paläste und Herbergen für die Pilger, die in die Stadt strömten, um den Reliquien der **Schutzpatrone Hermagoras und Fortunatus** zu huldigen. Aber bereits 606 setzten die Langobarden, die mittlerweile im Nachbarort Aquileia herrschten, einen Gegenpatriarchen ein und es begannen endlose Unruhen zwischen den beiden Städten, die in der Plünderung Grados gipfelten und den Reichtum der Stadt aufrieben.

Bodenmosaik Piazza Biagio Marin

Im 8. Jahrhundert erhob sich Grados Nachbar Venedig zu einer Seemacht und zog Handel und kirchliche Interessen in sein Einflussgebiet. Als 1156 der Gradeser Patriarch seine Residenz dauerhaft von Grado nach Venedig verlegte, läutete dies den stillen Niedergang Grados auf politischer, gesellschaftlicher und religiöser Bühne ein. 1451 wurde der Gradeser Bischofssitz für immer aufgehoben, die Stadt versank in der Bedeutungslosigkeit. Grado verfiel, das Meer holte sich Boden zurück, **Malaria, Pest und Überfälle** forderten einen hohen Blutzoll. Gegen Ende des 16. Jahrhunderts lebten nur noch an die 1300 Seelen in Grado, die ein bitterarmes Leben führten. Und dies sollte sich über Generationen nicht mehr ändern.

Im Oktober 1797, mit dem **Frieden von Campo Formio,** geschlossen zwischen Napoleon Bonaparte und Kaiser Franz II., und im Zuge des **Wiener**

Kongresses 1815 wurde Europas Landkarte neu geordnet und Istrien und Venetien wurden Österreich zugesprochen. Hier begann ein neues Kapitel für das Küstenstädtchen Grado.

Grados erstes wirtschaftliches Standbein unter österreichischer Herrschaft war jenes eines erfolgreichen „Fischlieferanten". Der **Reichtum an Sardellen** und anderen *pesci azzurri* brachte Grado eine neue Einnahmequelle, die die Stadt aufleben ließ. Fabriken, die Fischkonserven produzierten, und **Schiffswerften** schossen aus dem Boden. Um 1850 gab es vier Werften in Grado und in den **Fischfabriken** wurde rund um die Uhr gearbeitet, um die riesigen Schiffsladungen an Sardellen, die täglich aus dem Meer gezogen wurden, zu verarbeiten. Wieder gab es Zuzug in die Stadt, wieder lockte der wirtschaftliche Aufschwung die Menschen nach Grado.

In dieser Zeit schienen die Fischbestände der Lagune unendlich und es ging den Menschen, die hier lebten, gut. Die damals beliebten „Sardines de Nantes" bekamen durch die zierlichen Blechdosen aus Grado eine ernsthafte Konkurrenz. In dieser Zeit bot sich den wenigen Reisenden, die in die Stadt kamen, ein Bild von an sechs Tagen die Woche **hart arbeitenden Fischern,** die nach der Arbeit ihre Netze flickten, und Frauen, die strickend vor ihren Häusern saßen. Über allem waberte der Geruch von in Öl geschmortem Fisch und italienischem Stimmengewirr. Nur sonntags legte man die Arbeit nieder und ging im besten Gewand zur Messe.

Doch auch diesmal hielt die wirtschaftlich erfolgreiche Zeit nicht an. Die Fischbestände schwanden und mit ihnen auch der Wohlstand.

Gradeser Fischer beim Flicken ihrer Netze

Aber diesmal hatte Grado Glück im Unglück. Gerade als die Fischerei nicht mehr genügend Geld abwarf, kamen die ersten „Fremden" in die Stadt. Die Bewohner Österreich-Ungarns, vor allem der Adel und das wohlhabende Bürgertum, hatten Grado mit seiner romantischen Lagune als Heilbad entdeckt. 1892 wurde auf Geheiß Kaiser Franz Josephs der Fischerort Grado zur **„kaiserlichen und königlichen Kur- und Badeanstalt"** erhoben und die Stadt, stolz über diese Auszeichnung,

Grados Hafen um 1900

erkannte das neue Potenzial. Man eröffnete Gaststätten und Hotels, baute die Dampferverbindungen aus und ersetzte die einfachen *camerini,* die Umkleidekabinen für Badegäste aus den 1850er-Jahren durch geräumige **Badepavillons.** Grado bekam eine „Besuchstoilette", wie das Renovieren und Ausbauen der Stadt genannt wurde. Der Ort wuchs und man begann, dem Meer unter widrigsten Bedingungen Boden zu entreißen. Per Boot wurde Sand aus den Flussmündungen abgetragen und vornehmlich im Osten der Stadt aufgeschüttet. So entstanden zu Beginn des 20. Jahrhunderts ganz neue Stadtteile, wie der Raum um die heutige **Viale Europa Unita.** Vor allem aber baute man **Hotels und Pensionen** – die wunderschönen gelb-weißen Ville Bianchi direkt am Strand, die heute als Hotel geführt werden, oder auch die Villa Reale stammen aus jener Zeit.

Grados größtes Problem war allerdings die **Süßwasserversorgung**. Vor der Jahrhundertwende musste das kostbare Trinkwasser per Schiff auf die Insel gebracht werden, was aufwendig und teuer war. Zwar fing man über ein Dachrinnensystem Regenwasser auf, nutzte dies aber vorrangig als Brauchwasser. Als immer mehr Gäste in die Stadt kamen, brachte am 1. April 1900 eine Wünschelrute Abhilfe: Zwei artesische Brunnen wurden gefunden und man begann, eine unterirdische Wasserversorgung für die Stadt aufzubauen.

Die damalige Presse lobte die **Anreise nach Grado** als besonders einfach. Man verließ die **Südbahn** in Ronchi, fuhr eine Stunde zu Wagen weiter nach Aquileia und von dort mit dem Dampfboot auf dem Fluss Natissa nach Grado. Eine zweite Variante war, die Südbahn bis Triest zu nehmen und von dort den **Dampfer nach Grado,** was 2 bis 3 Stunden mehr in Anspruch nahm. Erst 1910 bekam Grado einen eigenen **Eisenbahnanschluss** in Belvedere, einem Ort am Rand der Lagune. Hier wurde eine Bahnstation eröffnet, die an die Südbahn angeschlossen war, und noch heute kann man die alten Schienen sehen, die entlang des Radwegs nach Aquileia verlaufen. Anfangs dauerte die Fahrt von Wien zum Seebad Grado gute 24 Stunden, um 1900 reduzierte sich die Fahrzeit bereits auf 15 Stunden. Durch diese, damals als sehr

Historischer Blick auf die Strandvillen des Barons Bianchi 1909

bequem geltende Anreise wurde Grado zu einem beliebten Ziel für Gäste aus vielen Teilen der Monarchie.

„Etwas Herrliches hat Grado vor vielen anderen Orten des Küstenlandes voraus, nämlich einen sandigen Meeresstrand, welcher dem Wogenschlag der offenen See freisteht." (Dillinger's Reisezeitung, 20. März 1892)

Auch die Presse, die anfangs noch die Einfachheit der Stadt als derart primitiv bemängelte, dass sie lediglich *„den bescheidenen Ansprüchen der Friulaner genüge, für die Komfort und Behaglichkeit keinerlei Bedeutung hätten"*, wies bald auf die Vorzüge der salz-, brom- und jodhaltigen Seeluft hin, die „rachitische Kinder" heile. Bereits 1873 war das Ospizio Marino entstanden, eine Kinderheilanstalt, die Wiens unterversorgte Kinder der Arbeiterklasse wieder aufpäppelte.

Ebenfalls wurde auf Grados interessante Geschichte und Kultur hingewiesen, die der wissenschaftlich gebildete Reisende im Museum und im Dom der Stadt besichtigen könne, sowie auf die Vielfalt an Wasservögeln, die in der Lagune zu bestaunen seien.

(Neue Freie Presse, 22. April 1886 und Dillinger's Reisezeitung, 1. August 1894)

Sein (Grados) reicher Schatz ist die herrliche Lage am Meere, das milde Klima, die erquickenden, Leib und Seele erfrischenden Bäder. Darum versäume niemand, das kleine Städtchen am Ufer der blauen Adria zu besuchen, wenn ihn sein Weg durch die Wunderwelt des Karstes durch die Klippen und Felsenschluchten Istriens führt. (Dillinger's Reisezeitung, März 1892)

In diese Zeit fällt auch die Geschichte des berühmten **Hotels Fortino,** dem Lebenstraum der Emma Auchentaller, die angesehene Künstler und Wiens Großbürgertum in ihr Hotel holte und somit Grados Geschichte entscheidend prägte.

Der Erste Weltkrieg beendete das elegante Treiben in der kleinen Stadt fürs Erste. Nach dem Rückzug der k. u. k. Truppen hinter den Isonzo wurde Grado von Italien besetzt und 1919, nach den Friedensverhandlungen von Saint Germain, Italien zugesprochen. Doch bereits in den 1920er-Jahren begann der Tourismus wieder aufzuleben, zaghaft zuerst, sah man doch in manchem Gast den ehemaligen Feind, aber Grados Schönheit überwand alle Ressentiments und es entstanden viele Hotels und Villen in dieser Zeit. Ebenso die berühmte Lagunenstraße, heute SR 352, bereits vor dem Ersten Weltkrieg von den Österreichern begonnen, wurde 1936 unter Benito Mussolini fertiggestellt. Seither empfängt sie Grados Besucher mit einer Anfahrt über scheinbar nicht enden wollendes, glitzerndes Meerwasser – und verzaubert jedes Mal aufs Neue.

Nach dem Zweiten Weltkrieg trotzte Grado der Lagune weitere Landstriche ab und als sich in den 1950er-und 1960er-Jahren immer mehr Menschen ein eigenes Auto leisten konnten, erlebte Grado einen regelrechten Ansturm von Urlaubern. Endlich war das Meer auch aus nördlicheren Gefilden einfach zu erreichen und es galt als chic, seinen Urlaub an der Adria zu verbringen. Viele heute als Bausünden betrachtete Gebäude stammen aus dieser Zeit. Die Isola della Schiusa wurde ausgebaut, die Città Giardino und Grado Pineta entstanden ebenfalls auf neu aufgeschüttetem Boden.

In den 1960ern hatte Grado 15 000 Einwohner, wobei die Zahl in den Sommermonaten auf ein Vielfaches anschwoll. Heute leben knapp 9 000 Einwohner hier, wovon die meisten vom Tourismus leben, aber nach wie vor ist auch der Fischfang eine solide Lebensgrundlage für viele Familien. Der Reisende von heute findet eine liebevoll gepflegte Altstadt, die gespickt ist mit Erinnerungen an die römischen Gründerväter, den frühchristlichen Bischofssitz und das mondäne Seebad der Kaiserzeit.

GRAND HOTEL ASTORIA

Das heutige Grado setzt auf Tradition und an zahlreichen Punkten der Altstadt findet man Tafeln mit Schwarzweißfotografien aus der Zeit der Jahrhundertwende, als auf den Straßen des kaiserlichen Seebads ein vornehmes Treiben herrschte. Ein besonderer Zeuge dieser mondänen Zeit ist das **„Grand Hotel Astoria"** am Largo San Grisogono. Eröffnet 1900 unter dem Namen **„Hotel Lido"**, erwarb es mit seiner prachtvollen Jugendstileinrichtung und seinem perfekten Service schnell den Ruf, das erste Haus am Platz zu sein. Zu seiner Eröffnung war zudem auch ein Casino im Hotel untergebracht, das zusätzlich wohlhabende Gäste anzog.

Seinerzeit hatte das Grandhotel eine ideale Lage in der ersten Reihe zum Meer, während es heute das Hochhaus „Zipster" direkt vor der Nase hat. Die Fassade hat seit einer Komplettrenovierung im Jahr 1991, bei der auch die Inneneinrichtung erneuert wurde, einiges von seiner ursprünglichen Eleganz eingebüßt, am Portal des Hotels ist der historische Stil aber noch gut zu erkennen. Doch auch wenn Umbauten im jeweiligen Stil der Zeit immer wieder etwas von der Ausstrahlung genommen haben, hat das Haus seinen guten Ruf erhalten – und fest steht, dass die **Dachterrasse des Astoria** heute noch den besten Blick über Grado und die Lagune bietet. Nirgends in der Stadt kann man so stilvoll bei einem Abendessen den Sonnenuntergang über der Stadt genießen.

Grand Hotel Astoria, Lobby und Blick von der Dachterrasse über Grado

Alessandro Lovato, der heutige Direktor des Hotels, führt das Astoria im Sinne seiner großen Tradition. Überall im Hotel begegnen dem Gast Reminiszenzen an das Grado, das in der Monarchie seine größte Zeit erlebte. Im eleganten Foyer gibt es eine kleine permanente **Ausstellung zu den Auchentallers** (siehe auch S. 26 f.) und eine Sammlung mit Erinnerungsstücken. Lovato will damit auch Gradobesucher, die nicht im Astoria wohnen, zu einem Besuch einladen. „Niemand", sagt er, „soll Ressentiments haben, ein Grandhotel zu betreten." Er selbst bewohnt mit seiner Frau das ganze Jahr über ein Zimmer des Hotels und zur Hochsaison kann es passieren, dass er sein Zuhause kurzfristig räumen muss, weil auch dieses an einen der vielen Stammgäste des Astoria vermietet wurde.

Das Grand Hotel Astoria ist heute ein Viersternehaus und bietet seinen Gästen ein umfassendes Wellnessangebot. Besonders erwähnenswert ist sein erstklassiges **Restaurant „Settimo Cielo"** mit der herrlichen Dachterrasse und Blick über die Stadt.

Grand Hotel Astoria
Largo San Grisogono 3, 34073 Grado
Tel. +39 0431 83550, www.hotelastoria.it

FLANIEREN IN GRADO

DIE ALTSTADT

Grados Altstadt, die Città Vecchia, ist eine einladende Mischung aus **spätrömischen Überbleibseln, venezianischen Schmuckelementen und Erinnerungen aus der k. u. k. Zeit,** alles zusammen gewachsen auf einem ursprünglich von den Römern angelegten Castrum, dessen Fundamente ungefähr 2,4 Meter unter dem heutigen Boden liegen. Der schöne historische Stadtkern mischt sich heute mit einigen Bausünden der Fünfziger und Sechziger, ohne die aber ohnehin keine italienische Stadt an der Adria auskommt.

Einen Rundgang durch die Altstadt beginnt man am besten am **Campo dei Patriarchi,** dem Partriarchen-Platz. Hier befinden sich die beiden bekanntesten Kirchen Grados, die Basilica Sant'Eufemia und die etwas kleinere Basilica Santa Maria delle Grazie. Diese beiden frühchristlichen Kirchenschätze wurden liebevoll restauriert und sind, trotz der zahllosen Überfälle, die Grado im Laufe seiner Geschichte zu erleiden hatte, in ihrem charakteristischen Zustand erhalten geblieben.

Der Campo dei Patriarchi ist der Kern des historischen Stadtzentrums und er bekam sein heutiges Aussehen im 19. Jahrhundert. In früheren Zeiten gab es zahlreiche Laubengänge, die den Platz umsäumten, und die aber im Laufe der Zeit verschwunden sind. Übrig geblieben ist nur noch eine einzige Säule, die – etwas verloren wirkend – ebenfalls im 19. Jahrhundert in der Mitte des Platzes aufgestellt wurde.

Der Name Campo dei Patriarchi erzählt von einem kirchenpolitischen Streit aus dem Jahr 451, der mit dem **Konzil von Chalkedon** begann, in dem heftig um die „Zweinaturenlehre" gestritten wurde. Diese besagt, Christus habe eine göttliche und eine menschliche Natur. Während die Bischöfe von Aquileia und Grado dieser Lehre anhingen, lehnte Rom sie kategorisch ab. Aus dieser Ablehnung schlugen die Bischöfe von Aquileia und Grado Kapital und beanspruchten den Titel **„Patriarch"**, der sonst nur dem Bischof von Rom zustand. Und um diesen Anspruch zu zementieren, weihten sie auch die Basilika der heiligen Euphemia, der Schutzheiligen jenes Konzils, in dem dieser Streit losbrach.

1 BASILICA SANT'EUFEMIA

Die Basilica Sant'Eufemia ist mit ihrer puristischen Ausstrahlung eine ganz besondere **Zeitzeugin frühchristlichen Kirchenbaus** und eine der wenigen Kirchen aus der Zeit der großen Völkerwanderung zwischen Spätantike und frühem Mittelalter, die es bis in unsere Zeit geschafft haben.

In den dunklen Jahren des späten 4. und frühen 5. Jahrhunderts, in denen Hunnen, Westgoten und Langobarden mit ihren Raubzügen auf römischem Boden Chaos verursachten, wurde diese anfangs nur einschiffige Kirche erbaut. Unter **Bischof Nicetas von Aquileia** (454–485) hat man sie um zwei Kirchenschiffe erweitert und 579, als Grado auf der Höhe seiner Macht als Bischofssitz war, vom Patriarchen Elias schließlich der heiligen Euphemia geweiht. Im 15. Jahrhundert kam der **43 Meter hohe Campanile** dazu, auf dessen Spitze sich der Erzengel Michael, im Gradeser Dialekt **„Anzolo"** – Angelo, im Wind dreht. Das ursprüngliche romanische Äußere der Kirche wurde erst 1925 wiederhergestellt, nachdem die Kirchenfassade von inzwischen angebrachten barocken Schmuckelementen befreit worden war.

Nach dem Betreten des Kirchengebäudes fällt der Blick sofort auf die wunderschönen **Bodenmosaiken** mit floralen Motiven und Inschriften und die orientalisch anmutende, steinerne Kanzel mit ihren ziegelroten Verzierungen. Sie ruht auf römischen Säulen und nach oben hin mischen sich

romanische und gotische Stilelemente. Überdacht wird sie von einem Baldachin in maurischer Form und Bemalung und das gesamte Ensemble wirkt fast ein bisschen verloren in der sonst schlichten Kirche.

Im linken Seitenschiff zeigen umgitterte Ausnehmungen im Boden die i**m 4. Jahrhundert erbaute frühere Kirche,** die zuerst an dieser Stelle stand. Sie soll das Grab eines zum Christentum bekehrten Juden bergen, dessen Name Petrus Olympus gewesen sein soll.

Das **goldene Altarbild** stammt aus venezianischer Schule und ist aus drei Teilen gefertigt. Es stellt Christus auf dem Thron umgeben von Heiligen dar. Stifter war ein reicher Venezianer, dessen Name verloren ging.

Basilica Sant'Eufemia und Bischofsstuhl des heiligen Markus

Zur rechten Seite, in einem Nebenraum, dem **Salutatorium,** in dem der Bischof seine Gäste empfing, befindet sich eine Kopie des sagenumwobenen **Bischofsstuhls des heiligen Markus.** Das Original, das hier bis zum Ende des Patriarchats im Jahr 1156 aufbewahrt wurde, findet sich heute, wie so viele andere Gradeser Reliquien, in Venedig. Dass der Stuhl tatsächlich einst dem heiligen Markus gehörte, lässt sich wahrscheinlich ins Reich der Mythen einreihen. Auch ein **Mausoleum**, das frühere Grab des Bischofs Marcianus, das heute im Lapidarium untergebracht ist, mit seinen original erhaltenen Tonnengewölben, findet sich auf dieser Seite der Kirche. In der **Apsis** sind ein gotisches Fresko sowie ein bemalter Holzpolyptychon, ein fünfteiliger Flügelaltar zu bewundern. Hier werden weitere Kirchenschätze und Reliquien aufbewahrt, unter anderem ein Evangelium mit silbernem Einband sowie verschiedene wertvolle Kreuze und Teller.

Links hinter dem Dom liegt ein **Lapidarium** mit der kleinen, achteckigen Taufkirche, dem **Baptisterium,** die zeitweise auch als Friedhofskapelle gedient hat. Das Innere der Taufkirche mit dem sechseckigen Taufbecken liegt fast einen Meter tiefer als das Niveau des Doms, was dafür spricht, dass das Baptisterium noch um einiges älter ist als die angeschlossene Hauptkirche.

2

SANTA MARIA DELLE GRAZIE

„Blaue" Madonna und Kirchenportal Santa Maria delle Grazie

Auf der anderen Seite des Platzes steht die etwas kleinere Kirche Santa Maria delle Grazie. Sie wurde in etwa zur gleichen Zeit wie die Basilica Sant'Eufemia erbaut und ebenfalls vom Patriarchen Elias geweiht. Santa Maria delle Grazie ist innen wie außen viel schlichter als ihre größere Schwester und hat wohl auch unter den vielen Umbauten, die immer wieder durchgeführt wurden, mehr gelitten. Interessant sind der **quadratische Grundriss** der Kirche und die **unterschiedlichen Niveauhöhen** des Fußbodens, die von den verschiedenen Bauphasen der Kirche erzählen. Schon von außen ist diese architektonische Unwucht zu sehen, hängen doch die beiden Türen links und rechts vom Haupteingang in der Luft.

Im Inneren zeugt ein **Mosaik** von einer noch älteren, tiefer liegenden Vorgängerkirche, ebenso liegt die **Apsis** auf dem Niveau dieser Urkirche. Auf jeder Seite des Hauptschiffes finden sich fünf Säulen, die unterschiedliche Kapitelle tragen. Von den ursprünglich sechs Säulen wurden im Zuge einer Renovierung zwei entfernt, ebenso wie alle barocken Zierelemente abgetragen wurden, um den klaren, **romanischen Stil** der Kirche wiederherzustellen. Einziges Zugeständnis an die Moderne ist die von den Gradesern viel besuchte **hölzerne Madonna** mit ihrem blauen Umhang.

Die kleine Basilica Santa Maria delle Grazie besticht durch ihre grazile Einfachheit und strahlt **Ruhe und Würde** aus. Das Innere ist reduziert auf das, was der Gläubige für eine Andacht braucht, und man kann sich leicht vorstellen, wie viele Menschen an diesem Ort seit über 1500 Jahren ihre Gedanken und Wünsche in den Himmel gesandt – oder schlicht Schutz vor Feinden gesucht haben.

Santa Maria delle Grazie lädt **jeden Abend um 18.30 Uhr** zu einer kurzen, 20-minütigen Messe ein, ein empfehlenswertes Eintauchen in das Gradeser Alltagsleben.

BIAGIO MARIN „LA VITA VA VIA"

Biagio Marin wurde am 29. Juni 1891 im österreichischen Grado geboren. Als Sohn einer Gastwirtsfamilie, deren Mutter früh verstarb, wuchs er unter erschwerten Bedingungen auf. Biagios Vater tat jedoch alles, um mit seiner kleinen Osteria „Drei Kronen" einen **bescheidenen Wohlstand** für die Familie zu erwirtschaften und seinem Sohn eine gute Ausbildung zu ermöglichen.

Während seiner **Studienzeit in Florenz** begann Biagio für das zeitkritische Blatt „La Voce" zu schreiben und veröffentlichte erstmals Gedichte im Gradeser Dialekt. Hier lernte er die Schriftsteller **Scipio Slataper, Umberto Saba und Virgilio Giotti** kennen und bekam zunehmend eine irredentistische Grundhaltung. Nach zwei Jahren in Wien, in denen er sein **Philosophiestudium** fortsetzte, kehrte er 1914 nach Florenz zurück und heiratete Pina Marini.

Während des Ersten Weltkriegs kämpfte Biagio Marin an der Seite der italienischen Armee und konnte erst nach dem Krieg sein Studium in Rom beenden. Im Laufe seines Lebens lehrte Marin Philosophie in Gorizia, arbeitete fünfzehn Jahre lang als **Direktor der „Bäder- und Kurgesellschaft Grado"**, ging nach Triest, um an der Universität Literatur und Geschichte zu lehren und arbeitete später auch als Bibliothekar für die „Assicurazioni Generali". Marin erhielt die Ehrenbürgerschaft der Stadt Triest sowie Ehrendoktortitel der Universitäten Venedig und Triest.

Am 25. Juli 1943 fiel **Marins Sohn Falco** in Slowenien. Marin gründete 1963 ihm zu Ehren neben seinem Wohnhaus die **Gradeser Stadtbibliothek.** Heute umfasst sie über 20 000 Bücher sowie Marins private Bibliothek und seine Schriften und Briefe, die er testamentarisch der Stadt Grado hinterließ.

1969 kehrte Marin zurück nach Grado und widmete sich intensiv seinen Dichtungen. Sein Werk, zum großen Teil in Graisan, dem altvenezianischem Dialekt seiner Mutter und Großmutter verfasst, beschäftigt sich mit dem **Meer,** den **Landschaften** der **Lagune** und dem einfachen und kargen Leben der damals oft bitterarmen Menschen. Ihnen wollte Marin mit seiner Dichtung eine Stimme geben.

Marin, der den **Aufstieg Grados** vom kleinen Fischerdorf zum eleganten österreichischen Kurort miterlebte, und der zu seiner Schulzeit noch in **Italienisch und Deutsch unterrichtet** worden war und seine ersten Gedichte auch in Deutsch verfasst hatte, durchlebte während seines langen Lebens drastische gesellschaftspolitische Veränderungen. Biagio Marin war stets politisch aktiv, überzeugter Irredentist und Widerstandskämpfer. 1981 war er für den Nobelpreis in Literatur nominiert, der dann jedoch Elias Canetti zugesprochen wurde. 1982 erhielt Marin den „Premio Antonio Feltrinelli", den höchsten in Italien zu vergebenden Wissenschafts- und Kulturpreis. Bis zu seinem Tod mit 94 Jahren veröffentlichte Marin weiterhin Gedichte.

Er starb am 24. Dezember 1985 in seinem **Haus in der Via Marchesini 43.** Sein schlichtes, mit einem aufgeschlagenen Buch geschmücktes Grab findet sich auf der Gradeser **Friedhofsinsel Le Cove.** Zu seinem 100. Geburtstag ehrte die Stadt Grado ihren großen Sohn mit einem **Denkmal im Parco delle Rose** an der Via Dante Alighieri und auch die **Piazza Biagio Marin** erinnert an den Dichter.

„Die Tatsachen und die Verhältnisse unseres Lebens sind einfach und unerbittlich: Gott, das Meer, der Fischfang, die Geburt, die Ehe, der Tod. Und der Hunger. Das ist alles." (Biagio Marin)

Geburtshaus des Dichters Biagio Marin

Unmittelbar neben der Kirche Santa Maria delle Grazie, ein wenig nach hinten gedrückt, steht das **Geburtshaus des Gradeser Dichters und Poeten Biagio Marin,** dem großen Sohn der Stadt, dessen Andenken in Grado geehrt und zelebriert wird.

Nur 250 Meter von hier entfernt, über die Via della Corte Richtung Lungomare, befindet sich die nach ihm benannte **Piazza Biagio Marin**. Dort treffen architektonische Welten aufeinander. Der moderne und mit verspielten Brunnen gestaltete Platz umrahmt die Fundamente der alten **Basilica della Corte** oder auch **Basilica San Giovanni,** ebenfalls eine Kirche aus der Zeit um 400 n. Chr., von der jedoch nur die Fundamente erhalten geblieben sind. Diese wurden, zusammen mit einer noch älteren darunterliegenden Kirche, 1902 wiederentdeckt, konserviert und dekorativ in die neu gestaltete Piazza integriert. Durch die Glasbrücken, die extra zur Besichtigung angelegt wurden, sind die noch erhaltenen Mosaike gut zu sehen. Allzu viel ist nicht mehr bekannt zu dieser kleinen Kirche. Bischof Macedonius ließ sie dreischiffig ausbauen und Fortunatus im 9. Jahrhundert restaurieren. Interessanterweise wurde auch ein zweites Baptisterium und sogar ein zweiter Bischofsstuhl gefunden, was Experten veranlasst, sich um eine Erklärung zu bemühen, warum es in Grado zwei Bischofskirchen gegeben haben soll. Ein Grund könnten die Ostgoten gewesen sein, die die arianische Lehre, die Ablehnung der Trinitätslehre, also des Glaubens an die Dreifaltigkeit Gottes, mit hierherbrachten und ihr mit einem zweiten Bischofsstuhl mehr Macht verleihen wollten. Doch dies bleibt Spekulation. Die Spur der Basilica della Corte verliert sich gegen Ende des 9. Jahrhunderts, bis sie 1902 wieder ans Licht kam, als man die Mauern der alten Gradeser Festung abtrug.

Am Rand des Platzes Richtung Via Gradenigo steht das **Haus der Musik (Casa della Musica)** aus wunderschön restaurierten Natursteinquadern. Der unverhältnismäßig große Kamin, der sich schräg an das alte Gebäude schmiegt, zeigt, dass es sich hier um den Küchentrakt eines herrschaftlichen Gebäudes handelt, das einstmals hier stand.

Ebenso findet sich hier auf der Seite zum **Lungomare Nazario Sauro** das 1928 gebaute reizvolle **Municipio,** das Rathaus von Grado. Der moderne Bau

Haus der Musik mit prachtvollem Kamin

am hinteren Ende des Platzes ist das **Hotel Fonzari,** das älteste Hotel Grados. Von Grund auf renoviert ist es heute eines der schönsten Häuser der Stadt und bietet von der Dachterrasse aus einen spektakulären Rundblick. Und für alle, die ihr Auto gut verstaut wissen wollen – das erste und zweite Stockwerk des Fonzari wurden zur Garage umgebaut. Darüber sind die Hotelzimmer.

Das Highlight der Piazza Biagio Marin ist das **Condominio Fortino,** heute ein Privathaus mit Wohnungen, doch vor dem Ersten Weltkrieg ein Hotel mit einer ganz besonderen österreichischen Geschichte, die Grados touristische Anfänge wie kein zweites geprägt hat.

Von der Piazza Biagio Marin ein Stück in die **Via Gradenigo** hinein steht ein liebevoll restauriertes Wohnhaus, das einer näheren Betrachtung wert ist. Das Haus hat einen Arkadenvorbau, in den recht auffällig das **Mauerwerk des alten Wehrturms** des Castrums integriert ist. Diese Verschmelzungen von Alt und Neu kann man in Grados Città Vecchia vielerorts finden. Blumengeschmückte Treppenaufgänge, die **Balaor,** aus einer Zeit, in der die Wohnungen noch höher angelegt waren, weil es noch keine **Diga** gab, die bei Sturm das Meer davon abhalten konnte, sich in die Stadt zu drängen.

DAS FORTINO

Emma Auchentaller, geboren 1868 in Wien als Tochter eines der größten **Schmuckproduzenten der Donaumonarchie** und Ehefrau des Secessionsmalers Josef Maria Auchentaller, war eine für ihre Zeit ungewöhnliche und starke Frau, die es verstand, ihre Träume in die Tat umzusetzen. Sie wollte mehr sein als vermögende Tochter und gut situierte Ehefrau und verwirklichte sich in Grado ihren Lebenstraum.

Erstmals kam sie mit ihrer kleinen 1892 geborenen Tochter **zur Kur nach Grado.** „Die blaue Adria hat es mir vollkommen angetan“, schrieb sie in einem ihrer Briefe nach Hause. Der Entschluss in Grado zu leben, vielleicht eine Pension zu eröffnen, war bald gefallen.

1902 erfolgte der Baubeginn und nur zwei Jahre später, 1904, war die **Pension Fortino,** errichtet auf den Resten eines 1801 erbauten französischen Forts, nach den Plänen des befreundeten **Architekten Julius Mayreder,** fertig. Direkt am Ufer und oft verglichen mit einem Schiff, das sich zum Ablegen rüstet, ragte sie ins Meer hinaus.

Emmas Mann, Josef Maria (1865–1949), war bekannt für seine **Entwürfe von Möbeln, Plakaten und** Hunderten von **Schmuckstücken** für die Firma seines Schwiegervaters. 1902 hatte er für die „XIV. Secessionsausstellung“ das Fries **„Freude, schöner Götterfunken“** gegenüber dem Beethovenfries von Gustav Klimt geschaffen. Im Fortino kümmerte er sich um die Fassadengestaltung, die man auf alten Postkarten noch sehen kann, die Inneneinrichtung sowie das Hauswappen, das Porzellan und Briefpapier des Hotels zierte.

Auchentaller-Ausstellung im Grand Hotel Astoria

Das Fortino wurde ein riesiger Erfolg. Die Kontakte der Auchentallers brachten eine **mondäne Künstlerklientel** nach Grado, die ihre Sommer hier verbrachte, Otto Wagner war nur einer von ihnen. Doch so erfolgreich das Fortino lief, Josef Marias Künstlerkollegen profitierten von seiner Abwesenheit in Wien. 1903, zur XVII. Secessionsausstellung, blieb ihm von einem bereits zugesagten eigenen Ausstellungsraum nur die Möglichkeit, zwei Bilder zu zeigen. Diese Enttäuschung trug wohl dazu bei, dass er 1905 aus der Secession austrat und sich nunmehr umso stärker in Grado engagierte.

Umso mehr engagierte er sich in Grado, seiner neuen Heimat. Im Dach des Forti-

Das Fortino einst und heute

no richtete er sich **ein neues Atelier** ein und schuf als Mitglied des touristischen Förderkomitees das berühmte Plakat „Seebad Grado", das heute noch in Verwendung ist. Es zeigt zwei elegante, nach der damaligen Mode weiß gekleidete Damen. Die linke war seine Frau Emma, daneben ihre Schwester Maria, verheiratete Thonet.

1914 der **Schicksalsschlag – Tochter Maria Josepha,** zu Besuch bei einer Tante in Bistritz, nimmt sich 22-jährig das Leben. Die Umstände bleiben ungeklärt, vielleicht eine unglückliche Liebe. Lange Zeit kamen die Eltern über diesen Schmerz nicht hinweg. Die Insel Morgo vor Grado, im Besitz der Familie, wurde zu Maria Josephas letzter Ruhestätte. Während des Ersten Weltkriegs floh die gesamte Familie zurück nach Österreich an den **Grundlsee,** bekam jedoch 1919 ihr geliebtes Fortino zurück. Emma gab nicht auf, renovierte es und langsam erholte sich auch der Tourismus wieder. Nur waren die Gäste nun **vorwiegend Italiener,** die Österreicher brauchten einige Zeit, um sich im verlorenen Küstenland wieder einzufinden.

Im Zweiten Weltkrieg wurde das Fortino durch Luftangriffe der Engländer schwer beschädigt. Emma Auchentaller verstarb 1945 in Grado, ihr Mann blieb noch bis zu seinem Tod am 31. Dezember 1949 im Fortino wohnen. Beide sind **auf der Friedhofsinsel** in einem schlichten Grab bestattet. Das Hotel sowie die Insel Morgo wurden später von der Familie verkauft. Das Fortino, das ab 1904 die Geschichte des Fremdenverkehrs in Grado geprägt hatte, schloss 1942 für immer seine Pforten.

Grados schmucke Treppenaufgänge

Hierin liegt auch der Grund, dass man bei einem Bummel durch Grados Altstadt fast nirgends einen Blick auf das Meer werfen kann. Das gewachsene Fischerdorf kennt die Gefahren des Meeres und hat gelernt, sich davor zu schützen. Tatsächlich verschließt sich keine andere Stadt auf dieser Reise so dem Meer wie Grado und man versteht schnell den Unterschied zwischen den Bewohnern, die das Meer mit großem Respekt als ihren Ernährer sahen, und jenen, die darin Vergnügen und Erholung suchten.

Stattdessen findet man in Grado überall üppig **mit Blumen geschmückte Mauernischen** und altes Mauerwerk aus einer Zeit, in der sich die oft bitterarmen Bewohner keine Bausteine für ihre Neubauten leisten konnten und einfach abtrugen, was aus römischen Zeiten übrig geblieben war. Grados Altstadt besticht gerade in dieser Hinsicht mit seinem Charme, da jede Ecke der Città Vecchia eine kleine Geschichte zu erzählen scheint. Viele Restaurants und Cafés nutzen die romantischen Winkel für Gastgärten, sodass im Sommer die ganze Altstadt wie ein lebendiger „Freilichtgourmettempel" wirkt.

3 PORTO MANDRACCHIO

Spaziert man weiter in Richtung Norden, trifft man auf den **alten Hafen,** den Porto Mandracchio. Ursprünglich von den Venezianern angelegt, wurde er von den Österreichern so ausgebaut und vergrößert, wie er heute zu sehen ist. Auch der Kanal, der durch die Stadt hinaus in die Lagune führt, stammt aus Grados österreichischer Zeit. Damals wie heute wird er hauptsächlich von Fischerbooten genutzt. Ein Spaziergang entlang des Hafenkanals lohnt sich, mit Sicherheit findet man hier Fischer beim Verladen ihres Fangs oder bei der Reparatur ihrer Netze. An der Ostseite, der **Riva Dandolo,** kommt man auch am Fischgroßmarkt von Grado, dem **Mercato Ittico All'Ingrosso** vorbei. An der westlichen Seite des Kanals, der **Riva Bersaglieri,** liegt ganz am Ende die Ablegestelle für das Linienschiff nach Triest (Molo Torpediniere). Noch weiter westlich folgt der moderne Jachthafen **Porto San Vito.**

Eine schöne Möglichkeit zurück in die Stadt zu kommen, ist, vorbei an der **Costa Azzurra,** einem der beiden großen Strände Grados, in Richtung Diga zu flanieren und auf der Diga den Rückweg anzutreten.

Malerischer Kanal in Grados altem Hafen

Von der erhöhten Diga wird man mit einem herrlichen Blick auf das Meer entschädigt, der in der verwinkelten Altstadt so oft fehlt. Die ungefähr einen Kilometer lange Diga, offiziell **Lungomare Nazario Sauro,** wurde im 19. Jahrhundert von den Österreichern erbaut, um Grado vor dem oft allzu besitzergreifenden Meer zu schützen. Der Lungomare führt uns also direkt wieder in Richtung Zentrum, vorbei am **Museo Nazionale di Archeologia Subacquea dell'Alto Adriatico,** das trotz seines klingenden Namens schon seit ewigen Zeiten „in Fertigstellung" ist. Der öffentlichen Hand fehlt es an Geld und gespart wird, wie so oft, zu Lasten der Kultur.

Schade, denn das Museum beherbergt das 18 Meter lange und an die 6 Meter breite römische Handelsschiff **Julia Felix,** das gegen Ende des 2., Anfang des 3. Jahrhunderts zwischen Grado und Marano Lagunare sank. Das Wrack wurde 1986 entdeckt und konnte 1999 mit seiner vollständig erhaltenen Ladung geborgen werden. Die Julia Felix hatte 560 **Amphoren mit Lebensmitteln und Wein an Bord** und wollte wahrscheinlich nach Aquileia. Auch wenn die genaue Route der Julia Felix heute nicht mehr nachzuvollziehen ist, gibt sie doch eine interessante Momentaufnahme des Handels aus der spätrömischen Zeit wieder.

Ein Blick ins Museum lohnt sich in jedem Fall in der Vorweihnachtszeit, wenn hier einige der über 70 Krippen, die es jährlich in Grado gibt, ausgestellt sind.

Weiter entlang der Diga geht es vorbei an einer der schlimmsten Bausünden Grados, dem 1961 erbauten, konkav geschwungenen Hochhaus **Zipster,** in dem man Apartments mieten kann, die – zugegeben – aussichtstechnisch sicher empfehlenswert sind.

Die Bar vor dem Zipster mit ihren Loungemöbeln direkt auf der Diga lädt das ganze Jahr über zu einer Erholungspause **mit uneingeschränktem Meerblick** ein. Einer der gezählten derartigen Plätze in Grado ... Am Ende der Diga stößt man an die berühmten goldenen Strände Grados und sollte es Sommer und schon 17 Uhr sein, wenn Sie hier ankommen, ist der Strandeintritt gratis und Sie können den Rundgang noch mit einer Wanderung direkt am Strand fortsetzen. In der kalten Jahreszeit ist der Strand ohnehin frei zugänglich und eignet sich wunderbar zum Genießen einer frischen Meeresbrise.

KAISERLICHE VILLEN

4 VILLE BIANCHI

Ein wunderschönes Andenken an Grados österreichische Vergangenheit sind die zwei gelb-weißen Ville Bianchi im Stil der Jahrhundertwende, die 1900 vom Innsbrucker Baron Leonhard Bianchi direkt am Strand als Sommerresidenz erbaut wurden.

Die Villen mit den klingenden Namen „**Villa Stella Maris**" und „**Villa Spiaggia**" wurden im Zweiten Weltkrieg schwer beschädigt, aber schon bald von Karl Bianchi, Leonhards Sohn, wieder aufgebaut. 1978 wurden sie schließlich von der Familie verkauft und bekamen 1999 eine umfassende Renovierung. Die eleganten Ville Bianchi mit ihrem Standort sind wohl das ungeschlagene „Hotelhighlight" in Grado und eines der beliebtesten Fotomotive.

Hotel Ville Bianchi
Viale Dante Alighieri 50, 34073 Grado
Tel. +39 0431 80169, www.villebianchi.it

Grados Kaiservillen: Ville Bianchi, Villa Reale und Villa Erica

5 VILLA REALE

Eine weitere prächtige Villa aus der k. u. k. Zeit befindet sich gleich hinter den Ville Bianchi. Die Villa Reale ist ein **Jugendstil-Schmuckstück** und wurde in den Jahren 1910 bis 1912 von einem österreichischen Architekten erbaut. Auch sie ist geschmackvoll renoviert und wird heute als Hotel geführt.

Hotel Villa Reale
Via Colombo 11, 34073 Grado
Tel. +39 0431 80015 (Sommer) +39 0431 85578 (Winter)
www.hotelvillareale.com

6 VILLA ERICA

Ebenfalls in der Nähe liegt dieses kleine, wunderschön restaurierte Hotel. Die Villa wurde 1907 erbaut. Und dem Umstand, dass hier dereinst **Kaiser Franz Joseph** übernachtet hat, verdanken wir ein weiteres, weniger bekanntes Schmuckstück in Sachen Erinnerungen an die Monarchie: die Kaisertür.

Hotel Villa Erica
Viale Dante Alighieri 69, 34073 Grado
Tel. +39 0431 84444, www.hotelvillaerica.com

Direkt am Hauptstrand, der **Spiaggia Principale,** auf Höhe der Ville Bianchi, befindet sich die sogenannte **Kaisertür,** die eigens als Privateingang zum Strand für Kaiser Franz Joseph eingebaut wurde, als er in der Villa Erica weilte. Die Tür im Zaun der Strandpromenade ist recht unscheinbar. Sie ist im Jugendstil gefertigt und trägt das kaiserliche Wappen. Diese Erinnerung an frühere Tage wird von der Stadtverwaltung liebevoll gepflegt, allerdings ist die Tür heute dauerhaft verschlossen, denn Grados durchorganisierte Strände erlauben, außer in der kälteren Jahreszeit, nirgendwo den Zutritt ohne Eintrittskarte.

Kaisertür

Settimo Cielo, Grados exklusivster Strandabschnitt

DIE GOLDENEN STRÄNDE

Grado nennt sich stolz **„Isola d'oro"**, die goldene Insel, womit natürlich die Sandstrände gemeint sind, die alle nach Süden ausgerichtet den ganzen Tag die Sonne bieten.

Wer einen typisch italienischen Strandtag genießen möchte, wird hier im besten Sinne des Klischees fündig. Freuen Sie sich auf **Wasser mit bester Qualität** und saubere, gut instand gehaltene Strände, die alles bieten, was man für einen perfekten Urlaubstag braucht. Von der Granita am Kiosk über **Strandrestaurants und Umkleidekabinen** bis zum exklusiven Zelt, gegen genügend Kleingeld wird jeglicher Komfort geboten.

Grado ist stolzer Besitzer der **„Blauen Flagge"**, ein Qualitätssiegel für nachhaltige und umweltfreundliche Bewirtschaftung der Strände und ausgezeichnete Wasserqualität. Darauf wird großer Wert gelegt, schließlich ist der Strandtourismus die Haupteinnahmequelle der Stadt. Und tatsächlich bieten die verschiedenen Strandabschnitte, obwohl alle nicht günstig, für jeden etwas, seien es **Familien mit Kindern oder Sonnenanbeter mit Hund,** sogar Kulturveranstaltungen und Lesungen werden immer wieder am Strand angeboten.

Grados Strände sind besonders flach abfallend, wer lieber einen Strand mag, bei dem man nicht zum Schwimmen über Hunderte Meter ins Wasser waten muss, ist am Westende Grados, an der **Costa Azzurra,** die etwas steiler ins Wasser abfällt, am besten bedient. Und der Eintritt ist noch dazu kostenlos.

Der exklusivste und auch teuerste Strand Grados ist der **Settimo Cielo.** Privatsphäre inklusive, die durch die etwas größeren Abstände zwischen den Liegen garantiert wird. Das edle Interieur ist in perfektem Weiß gehalten, für den Luxus eines Zeltes mit Sonnenschirm und drei Liegen zahlt man am Wochenende 67 Euro. Wer nur einmal schnuppern möchte, kann an Wochentagen ab 15 Uhr bereits um 20 Euro den „Siebten Himmel" ausprobieren.

An allen Stränden muss man zwischen 20 bis 30 Euro, je nach Abstand zum Meer, für einen Schirm und zwei Liegen rechnen. Wem es genügt, auf dem selbst mitgebrachten Handtuch zu liegen, der darf das schon um 2 Euro tun. Ein spätes Bad oder ein Abendspaziergang ist ab 17 Uhr gratis.

Allein reisenden Strandbesuchern macht es Grado allerdings nicht gerade leicht – es wird nur eine begrenzte Anzahl an Einzelliegen mit Schirm vergeben. Wenn diese belegt sind, verlangt man ohne mit der Wimper zu zucken den Preis für zwei Sonnenbetten ...

Infos zu Stränden und Preisen: www.gradoit.it/_de

MIT HUND

Für Strandgäste mit Hunden sei der **Lido di Fido,** ganz im Osten, genannt. Ein Sonnenschirm mit zwei Liegen und Wassernapf kostet am Wochenende stolze 28 Euro.

Am **Snoopy Strand** der Spiaggia Airone in Pineta hat man viel Platz, Schatten und eine Hundedusche. Auch ein Hundesitter steht bereit und für 5 Euro zusätzlich bekommt man sogar eine eigene Liege für den besten Freund.

Hauptstrand Spiaggia Principale

ISOLA DI BARBANA

Unweit der Stadt und sehr einfach in zwanzig Minuten per Linienboot zu erreichen liegt die kleine, gepflegte Isola di Barbana mit ihrem **Santuario Madonna di Barbana.**

Jedem, der Grados Trubel für kurze Zeit entfliehen will, lege ich diesen liebenswerten Ausflug ans Herz, für den man circa 2 bis 3 Stunden einrechnen sollte. Direkt am **Kanal der Isola della Schiusa** legt das Linienboot nach Barbana ab und bringt Ausflügler und Wallfahrer in einer bequemen Fahrt zu der kleinen Insel in der Lagune.

Während der Nebensaison finden sich hier zur ersten Fahrt am Vormittag fast ausschließlich Gläubige ein, die die **Messe in der Wallfahrtskirche** besuchen möchten und danach in der Mensa des Klosters ihr Mittagessen einnehmen oder im Park picknicken. Im Sommer ist die Insel der perfekte Ort, um der Hitze und Enge der Stadt zu entkommen und **unter den alten Bäumen** die Kühle und meditative Ruhe zu genießen. Am Nachmittag, wenn die Insel sich schon wieder leert, hat man den Park beinahe für sich. Machen Sie sich aber mit dem jeweils **gültigen Fahrplan** des Bootes vertraut, im Sommer tritt das letzte Schiff um 18.30 Uhr, in der Nebensaison bereits um 16.30 Uhr die Rückfahrt an.

Auf der Fahrt zur Insel kann man bereits einen **Blick in Grados Lagune** mit ihrer Vogelwelt werfen. Schon etwas weiter draußen, unweit des Ziels, das bereits an seiner schönen Kirchenkuppel zu erkennen ist, fallen an der Schiffsroute rechter Hand **zwei kleine Kreuze** auf, die auf einer winzigen Insel aufgestellt sind.

Sie erzählen die **tragische Geschichte zweier Fischer,** die hier in den 1930er-Jahren, während der Vogeljagd, von Schnee und eisiger Bora überrascht wurden. Im starken Wind kenterte ihr Boot und während einer der Fischer sofort ertrank, konnte sich der zweite gemeinsam mit seinem Hund in der Lagune über Wasser halten. Verzweifelt begann er, um Hilfe zu rufen, und der Sturm, der landeinwärts fegte, trug seine Hilferufe bis nach Grado hinein. Die alarmierten Bewohner versuchten trotz des Sturms und der gefährlichen See mit ihren Booten hinauszufahren, um zu helfen. Doch das Unwetter war zu stark, man musste aufgeben und umkehren. Und obgleich man den Verunglückten die ganze Nacht um Hilfe rufen hörte, als

Isola di Barbana mit Marienkirche

wäre er ganz nah, konnte ihn niemand retten. Als sich am nächsten Morgen der Sturm gelegt hatte, fuhr man erneut los, doch es war zu spät. Der Fischer, der im Gesicht noch ganz rosig war, konnte nur tot geborgen werden, bewacht von seinem treuen Jagdhund, der bei ihm ausgeharrt hatte. Die zwei Kreuze erinnern an den tapferen Fischer, der so entschlossen um sein Leben gekämpft hatte, und seinen Freund, dessen Leiche erst Tage später gefunden wurde.

7

MARIENKIRCHE CHIESA DI BARBANA

Die Isola di Barbana, zu Zeiten der Römer noch mit dem Festland verbunden, war schon damals ein heiliger Ort, auf dem sich ein **Tempel des Apollo** befunden haben soll. Benannt ist die Insel nach dem Eremiten Barbanus, der hier lebte, als während eines Sturmes im Jahr 582 eine hölzerne Madonna angeschwemmt wurde.

Im 8. Jahrhundert baute man auf den Resten des früheren Tempels ein **Benediktinerkloster,** das 1450 von den Franziskanern übernommen wurde. Sie errichteten **1783 die Wallfahrtskirche,** die 1924 ihre heutige Form bekam. Der Kirchturm ist 48 Meter hoch und gemeinsam mit der schönen Kuppel

Chiesa di Barbana

weit über die Lagune zu sehen. Die Kirche beherbergt einen barocken Hochaltar mit einer hölzernen Madonna, die aus dem 15. Jahrhundert stammt. Die ursprüngliche Madonna aus dem 6. Jahrhundert ging früh durch Überschwemmungen wieder verloren. Das Innere der Kirche ist übersät mit **Votivbildern,** die Gläubige hier anbrachten, um ihrer Madonna Dank zu sagen für die Errettung aus einer lebensgefährlichen Situation. Die Bilder zeugen von gekenterten Schiffen, verunglückten Fischerbooten oder Unfällen mit Pferdefuhrwerken, aber auch neuere Bilder mit Autounfällen sind zu sehen. Doch so dramatisch die Szenen auch wirken, sie erzählen alle von einem glücklichen Ausgang.

Neben der Kirche, an der Stelle, an der 582 die hölzerne Madonna angeschwemmt wurde, steht heute eine **kleine achteckige Kapelle,** eingerahmt von einer niedrigen Mauer, an der malerisch Lavendelbüsche wachsen.

Die jährliche **Bootsprozession „Perdòn de Barbana",** die am ersten Sonntag im Juli stattfindet, hat ihren Ursprung im Jahr 1237, als die Pest in Grado wütete. Die Bevölkerung gelobte damals, alljährlich zur Madonna di Barbana zu pilgern, wenn die Stadt verschont bliebe. Diese Tradition hat sich bis heute erhalten und Besucher, Gläubige und festlich geschmückte Boote ziehen jedes Jahr im Konvoi von Grado nach Barbana, um an die Erlösung von der Pest durch die „Vergebung von Barbana" zu erinnern.

Barbana hatte lange keinen allzu positiven „gastronomischen Ruf", aber dies hat sich in jüngster Zeit geändert. Die **Mensa del Pellegrino** wird heute als Geheimtipp für bodenständige regionale Fischküche gehandelt. Zwar hat das Restaurant noch immer den Charme einer Kantine, doch in der warmen Jahreszeit kann man frische Pasta- und Fischgerichte sowie hausgemachte Dolci auf Holzbänken im Klostergarten genießen, was einen Besuch auf der Insel perfekt abrundet.

Isola di Barbana
Abfahrt am Canale della Schiusa, April bis Oktober täglich viermal ab 9.30 Uhr, November bis März nur sonntags zum Gottesdienst um 10 Uhr.
Fahrpreis 6 Euro pro Person.

AUSFLÜGE IN DIE LAGUNE

LINIENSCHIFF

Grado bietet viele Möglichkeiten, die Lagune zu erkunden. Neben dem Ausflug zur **Isola di Barbana** gibt es das schmucke Ausflugsschiff **Nuova Cristina,** das am alten Hafen, **Riva San Vito,** seine Gäste aufnimmt.

Die Nuova Cristina bietet verschiedene Ausflugsfahrten in die Lagune an, von einer großen mehrstündigen Lagunentour bis hin zu Fahrten nach Schloss Miramare, Duino oder Venedig.

Wer einen kulinarischen Ausflug machen möchte, dem sei die **Isola di Anfora** empfohlen, die man nach einer circa einstündigen Fahrt erreicht. Hier empfängt das bekannte Restaurant **„Ai Ciodi"** mit frisch gefangenem Lagunenfisch seine Gäste. Man speist rustikal auf Tischen mit rotweißkarierten Papiertischtüchern und sitzt auf Holzbänken, und die Speisekarte bietet, was das Meer gerade hergibt. Der malerische Platz ist im Sommer oft sehr gut besucht und man muss mit vollen Tischen und Wartezeiten rechnen. Rückfahrt ist um 15 Uhr.

Motonave Nuova Cristina
Tel. +39 0431 876149
Abfahrt vom Porto Mandracchio an der Riva San Vito, in der Sommersaison um 10.30 und 15.30 Uhr. Die Ausflugspreise variieren je nach Fahrziel zwischen 12 und 25 Euro pro Person.

MIETBOOT

Ein Boot mieten und in die Lagune schippern ist ohne Bootsführerschein möglich, jedoch eine nicht ganz billige Angelegenheit. Die Boote kosten zwischen 160 und 200 Euro pro Tag, halbe Tage sind möglich. Eine Fahrt durch die Lagune auf eigene Faust ist ungefährlich, achten Sie aber auf Sandbänke, auf denen man bei Ebbe leicht auflaufen kann und erkundigen Sie sich über das vorhergesagte Wetter.

Nautica Malusa
Via A. Pigafetta 12
Tel. +39 340 9651835
www.noleggiobarchegrado.com

Grado Boat Rent
Riva Garibaldi, Isola della Schiusa
Tel. +39 348 1819533
www.gradoboatrent.it

TAXIBOOT

Der Stand für Taxiboote direkt am alten Hafen, dem Porto Mandracchio, ist nicht zu übersehen. Die Preise können unterschiedlich sein, daher auf jeden Fall im Vorhinein nachfragen und eventuell verhandeln.

www.taxiboat-grado.com

FAHRRAD

Radfahrer begegnen einem überall in Grado und tatsächlich ist die verkehrsberuhigte Altstadt ideal, um sie mit dem Rad zu erkunden. Viele Hotels in Grado bieten Leihräder an und es gibt wunderschöne Radwanderwege entlang der Lagune von Grado nach Monfalcone.

Dort gibt es auch zwei Naturschönheiten zu entdecken, die **Riserva Naturale Regionale Valle Cavanata** und die **Riserva Naturale Regionale della Foce dell'Isonzo,** am Rand der Lagune Richtung Osten. Beides wunderbare Naturreservate, die in Richtung Monfalcone bequem mit dem Fahrrad erreicht werden können.

Valle Cavanata Besucherzentrum
Strada Provinciale SP 19 Richtung Fossalon
Tel. +39 340 400 5752
www.vallecavanata.it

Riserva Naturale della Foce dell'Isonzo
Strada Provinciale SP 19 Richtung Monfalcone
Tel. +39 0432 998 133
www.parks.it/riserva.foce.isonzo

Vogelpracht in den Naturparks

TIPPS & ADRESSEN

Parken

Es gibt Kurzzeitparkplätze entlang der **Riva Slataper** oder der **Riva Scaramuzza** sowie einen Parkplatz an der **Riva Z. Gregori.** Auch auf der Isola della Schiusa gibt es einige Parkmöglichkeiten, meist gegen Bezahlung. Insgesamt gehört das anfängliche Parkplatzsuchen aber zum Aufenthalt in Grado. Die Altstadt selbst ist verkehrsberuhigt und klein genug, um alles zu Fuß zu erreichen. Daher am besten ein Hotel mit Parkplatz wählen – und entspannen.

Grados Restaurantszene bietet für alle etwas.

Cafés & Restaurants

Grados Altstadt bietet eine bunte Restaurantszene mit sehr empfehlenswerten Trattorien und Bars, die teilweise das ganze Jahr über geöffnet sind. Hier hat sich eine Tradition erhalten, die an die Heurigen und Buschenschänken andernorts erinnert. Eine über dem Lokaleingang aufgehängte Laterne garantierte, dass das Lokal auch bei Schlechtwetter und dichtem Lagunennebel gefunden werden konnte. Viele Restaurants kultivieren diesen Brauch, der zu Zeiten der k. u. k. Monarchie eingeführt wurde, noch heute. Nachfolgend ein paar „handverlesene", persönliche Tipps.

8 Trattoria de Toni

Ein kulinarisches Highlight mit schönem Gastgarten. Massimo Gaddi, der das Restaurant von seinem Vater Giovanni übernommen hat, führt die Trattoria im besten Sinne einer traditionellen Gradeser Küche.

Piazza Duca D'Aosta 37
34073 Grado
Tel. +39 0431 80104
www.trattoriadetoni.it

9 Da Ovidio

Zentral an der Rückseite der Basilica Sant'Eufemia gelegen, führt der Besitzer Alberto Buemo gemeinsam mit seiner Frau sein Restaurant mit viel Liebe zur traditionellen Gradeser Küche. Hohe

Qualität und regionale Lieferanten sind das Erfolgsrezept dieses Familienbetriebs. Spezialität ist das typische Fischgericht „Boreto".

Via Marina 36, 34073 Grado
Tel. +39 0431 80440
www.ristorantedaovidio.com

10 Zeromiglia

Das Restaurant der Fischkooperative von Grado, direkt am Kanal an der Riva Dandolo. Mediterrane Fischküche, bodenständiges Ambiente.

Riva Enrico Dandolo 22, 34073 Grado
Tel. +39 0431 80287
www.zeromiglia.it

11 Laguna Sky Restaurant

Ein modernes Restaurant mit edlem Ambiente, angeschlossen an das Laguna Palace Hotel. Das Restaurant bietet neben einem schönen Lagunenblick vielfältige Fischküche auf hohem Niveau und sehr gute Risotti.

Riva Brioni 17, 34073 Grado
Tel. +39 0431 878953
www.lagunaskyrestaurant.it

La Brocca Rotta

12 Settimo Cielo

Das Restaurant im 7. Stock des „Grand Hotel Astoria" besticht durch gehobene Fischküche, hauseigene Pasta und einen unschlagbaren Blick auf Grados Sonnenuntergang über der Lagune.

Largo San Grisogono 3, 34073 Grado
Tel. +39 0431 835 50

13 Al Pontil de' Tripoli

Romantisches Restaurant auf der Isola della Schiusa, Tortellini mit Walnusssauce, Lachs mit schwarzem Sesam oder Thunfisch mit Erdbeeren – kulinarisch ist hier alles möglich.

Riva Garibaldi 17, 34073 Grado
Tel. +39 0431 80285
www.alpontildetripoli.it

14 Tarabusino

Im Hotel „Oche Selvatiche" bietet das Restaurant kreative, minimalistische Küche mit natürlichen regionalen Zutaten in edlem Ambiente. Circa acht Kilometer außerhalb Grados, direkt an der Lagunenstraße Richtung Monfalcone. Exklusives Restaurant mit ebensolchen Preisen.

Via Luseo 1, 34073 Grado
Tel. +39 0431 878918
www.tarabusino.it

15 La Brocca Rotta

Ein Café mit besonderem Konzept – mit „Libri e Cose", das Bücher und schöne Dinge von anno dazumal und nebenbei einen Bistro- und Kaffeehausbetrieb anbietet. Immer voll, schöner Gastgarten und in jedem Fall auch zum Schauen einen Besuch wert.

Campo Porta Nuova 19
34073 Grado
Tel. +39 0431 81711

Nächtigen

In Grado stehen ungezählte **Hotels und Pensionen** für jede Brieftasche zur Verfügung. Man kann wählen zwischen Flair aus vergangenen Zeiten oder modernem Chic.

4 Ville Bianchi

Für einen stilvollen Aufenthalt direkt am Strand sind diese eleganten Villen der ideale Ort. In der warmen Jahreszeit frühstückt man im Garten, von vielen Zimmern hat man direkten Blick aufs Meer. Parken kann man im Hof zwischen den Häusern. Gut organisiertes freundliches Haus mit Gradeser Tradition. Circa 170 Euro pro Nacht für zwei Personen.

Hotel Ville Bianchi
Viale Dante Alighieri 50
34073 Grado
Tel. +39 0431 80 169
www.villebianchi.it

16 Fonzari

Super zentral direkt in der Altstadt an der Piazza Biagio Marin gelegenes modernes Hotel mit eigener Garage in den ersten beiden Stockwerken. Herrlicher Rundblick über die Stadt, und der Strand ist über einen Spaziergang auf der Diga in circa 500 Metern zu erreichen. In der Hauptsaison kostet ein Doppelzimmer circa 250 Euro pro Nacht.

Piazza Biagio Marin, 34073 Grado
Tel. +39 0431 876360
www.hotelfonzari.com

17 Hannover

Sehr empfehlenswertes Viersternehotel direkt am alten Hafen. Gediegene und elegante Einrichtung mit viel Holz. Ein Fitnessraum und ein kleiner Garten runden das Angebot ab. Parkmöglichkeit ist vorhanden. Ein Doppelzimmer kostet circa 250 Euro pro Nacht.

Piazza XXVI Maggio 10, 34073 Grado
Tel. +39 0431 82264
www.hotelhannover.com

Salon der Ville Bianchi

Blick vom Grand Hotel Astoria über Grado

Schloss Miramare
29
SS 14
Viale Miramare
Hauptbahnhof
Funicolare
Via F. Seve
BORGO TERESIANO
Via Roma
Piazza V. Veneto
15
Synagoge
9
12
13–14
27–28
10
Viale XX Setter
1–8
11
Piazza San Giovanni
Molo dei Bersaglieri
Riva
Piazza Unità
Corso Italia
16
Via Giosuè Carducci
Savoia
17–18
31
25
C. Museo Revoltella
Piazza Cavana
19
20–22
24
26
23
30
SAN GIUSTO
Scala dei Giganti
Via S. Michele
Riva
BORGO GIUSEPPINO
Via Tigor
Via dei Navali
Galleria S. Vito
SS202
500 m

Triest

DIE SCHÖNE ALTÖSTERREICHERIN

Einwohner: **204 234 (31.12.2016)**
Größe: **84,49 km²**
Lage: **Von Grado über die SP 19 und die SS 14 in circa 55 km zu erreichen. Triest ist die Hauptstadt der Region Friaul-Julisch Venetien und liegt an der Grenze zu Slowenien.**
Koordinaten: **45°39′ 0″ N, 13°46′ 0″ O**
Sprache: **Italienisch**
Information: **Infopoint Trieste, Piazza Unità d'Italia 4b, 34121 Trieste, Tel. +39 040 347 8312, www.turismofvg.it, www.promotrieste.it**

Triest, so hört man immer wieder, ist die österreichischste Stadt in Italien. Und wirklich, keine andere Stadt, die wir auf dieser Reise besuchen, strahlt diese ehemalige Zugehörigkeit zu Österreich so deutlich aus. Sei es in den eindrucksvollen Bauten des Borgo Teresiano, die an die Wiener Ringstraße erinnern, oder in der Triestiner Küche mit ihren altösterreichischen Geschmäckern – und nicht zu vergessen in der Wiener Kaffeehauskultur, die hier regelrecht zelebriert wird. Sogar die Statue Kaiser Maximilians von Mexiko durfte vor einigen Jahren wieder ins Stadtbild zurückkehren, um an die österreichische Zeit zu erinnern. Triest, italienisch Trieste, slowenisch Trst, ist heute eine vielschichtige Stadt voller verschiedener Nationalitäten und Religionen, vor allem aber geprägt von italienischer Lebensfreude, slowenischem Traditionsbewusstsein und einem gehörigen Schuss österreichischer Melancholie. Jedenfalls aber ein imperiales Konglomerat, das an der Adria seinesgleichen sucht.

TRIESTS GESCHICHTE

Als **„Tor zum Osten“** war Triest schon immer ein begehrtes Territorium, in dem viele Herren ihre Spuren hinterließen. Bereits 177 v. Chr. nahmen die Römer die Stadt ein und drängten die hier lebenden Histrier zurück. Der Name „Tergeste“ für Triest tauchte erstmals 104 v. Chr. auf und bezeichnete den heutigen Stadthügel San Giusto.

Unter **Kaiser Augustus** wurde Triest 46 v. Chr. eine erfolgreiche römische Handelsstadt, die sich sogar ein eigenes Amphitheater leistete. Drei Jahrhunderte später breitete sich von Aquileia das frühe Christentum in die Region aus. In diese Zeit fällt das **Martyrium des Stadtheiligen Justus** – San Giusto –, der 303 n. Chr. unter **Kaiser Diokletian** den Märtyrertod erlitt und seither über Triest wacht.

Nach dem Untergang Westroms begann eine unruhige Zeit, die über Jahrhunderte andauerte. Im Jahr 476 verwüsteten die **Langobarden** Triest, **Karl der Große** wiederum gliederte die Stadt in die Mark Friaul ein. Sein Enkel, König Lothar II., übergab 948 die Macht für fast drei Jahrhunderte an den Klerus und 1295 bildete sich wieder ein Stadtstaat, in dem die Patrizierfamilien das Sagen hatten.

Die Eroberung Triests 1203 durch die **Handelsmacht Venedig** war das ausschlaggebende Moment für den späteren Einfluss der Habsburger auf die Stadt. Um den ständigen Konflikten mit Venedig zu entgehen, stellte sich Triest am 30. September 1382 freiwillig unter den **Schutz des habsburgischen Herzogs Leopold III.,** der damals in Graz residierte und schon länger nach dem Friaul schielte. Triest behielt seine Autonomie, Handel und Salzgewinnung blieben unangetastet, lediglich einige Zollrechte und „100 Krüge Ribolla-Wein pro Jahr" sollten der Lohn für die **neue Allianz zwischen den Habsburgern und Triest** sein.

Dass nach dieser Übereinkunft der Handel florierte und der Wohlstand in Triest stetig wuchs, blieb den Venezianern ein ständiger Dorn im Auge. Als Mitte des 15. Jahrhunderts der **Pilgertransport nach Rom** boomte, wurde Triest zum Logistikzentrum des ganzen habsburgischen Reiches.

1660, es lebten bereits knapp 7000 Menschen in der Stadt, kam **Kaiser Leopold I.,** dessen politischer Fokus auf dem Ausbau der Handelsbeziehungen für Österreich lag, nach Triest und erließ nur wenig später ein **Privileg für Zoll- und Steuererleichterungen** des Triestiner Hafens. Triest dankte es ihm mit einer Statue, die noch heute auf der Piazza della Borsa steht. Sein Nachfolger **Kaiser Karl VI.,** seine Statue steht auf der Piazza Unità, verlieh Triest und Fiume, dem heutigen Rijeka, am 18. März 1719 das **Recht des Freihafens,** also die Erlaubnis *„einen allgemeinen Handel in unseren österreichischen Häfen zu treiben"*. Dies bedeutete eine Minimierung der steuerlichen Auflagen beim Be- und Entladen der Schiffe und beim Weiterverkauf der Waren und stellte die Weichen für den wirtschaftlichen Erfolg der Stadt.

In dieser „österreichischen Zeit“ entwickelte sich Triests Aussehen, wie es sich zu einem guten Teil bis heute erhalten hat. Besonders prägend für das „Wiener Erscheinungsbild“ war **Kaiserin Maria Theresia,** die um 1750 die alten Stadtmauern Triests schleifen und auf den trockengelegten Salinen im Norden ein neues Viertel errichten ließ, das ihren Namen tragen sollte, das **Borgo Teresiano.** In dieser Zeit entstanden auch die erste Handelskammer, eine Warenbörse und eine nautische Schule zur Offiziersausbildung. Maria Theresia hat die Stadt selbst jedoch nie besucht. Auch ihr Sohn **Kaiser Joseph II.** verewigte sich mit einem Stadtviertel, dem weiter südlich gelegenen **Borgo Giuseppino,** das Ende des 18. Jahrhunderts entstand.

Der **Frieden von Campo Formio** 1797 beschleunigte den wirtschaftlichen Aufstieg der Stadt weiter. Der bisherige Handelsriese Venedig gehörte nun zu Österreich und verlor in dieser Zeit seinen Einfluss. Österreich setzte weiter auf Triest. In diesen wirtschaftlich höchst erfolgreichen Jahren gab es enormen Zuzug in die Stadt und zu Beginn des 19. Jahrhunderts entstand ein weiteres Stadtviertel, das von **Kaiser Franz II.** angelegte **Borgo Franceschino.** Es erstreckt sich über die heutige Viale XX Settembre, an der die von Maria Theresia angelegte Wasserleitung verlief, und wird auch **Città Nuova,** die Neustadt, genannt. In diese Zeit, zwischen 1797 bis 1813, fällt auch die dreimalige **Besetzung Triests durch Frankreich,** die von General Christoph von Lattermann zurückgeschlagen wurde.

Ein letzter Habsburger, der Triest ein ganz besonderes Wahrzeichen hinterließ, war der feinsinnige und ehrgeizige Bruder Franz Josephs, **Erzherzog Ferdinand Maximilian,** der 1860 sein Märchenschloss Miramare erbaute, das heute zu den meistbesuchten Schlössern Italiens zählt.

In der zweiten Hälfte des 19. Jahrhunderts war Triest eine der wirtschaftlich erfolgreichsten und am schnellsten wachsenden Städte der Monarchie. Die Stadt hatte bereits 150 000 Einwohner, als langsam, aber sicher das **Gespenst des Irredentismus** am Horizont aufzog, jener politischen Bewegung, die das Abspalten der italienischen Gebiete vom Reich der Habsburger forderte und die nach dem Verlust der Lombardei und Venetien noch an Fahrt aufnahm. Dramatischer Vorbote war der **versuchte Anschlag 1882 auf Kaiser Franz Joseph,** verübt von **Guglielmo Oberdan,** anlässlich der Feierlichkeiten der 500-jährigen Zugehörigkeit Triests zu Österreich. Wie hoch die Nationalitätenvielfalt der Stadt in dieser Zeit war, zeigen die knapp 600 Zeitschriften, die Ende des 19. Jahrhunderts in allen möglichen Sprachen

Piazza dell'Unità d'Italia

in Triest erschienen. Der **„Il Piccolo"**, heute die wichtigste Tageszeitung der Stadt, war damals die Stimme des italienischen Lagers.

Was 1382 begann, endete während des Ersten Weltkriegs am 3. November 1918 mit dem Anlegen des italienischen Zerstörers **„Audace"** an der Hafenmole, die seither seinen Namen trägt. Die Audace beendete die österreichische Herrschaft über Triest beinahe beiläufig und ohne Gegenwehr. Ganz leise wurde die Stadt, die **536 Jahre zu Österreich** gehört hatte, italienisch.

Aus dem Feuilleton des Nachmittagsblatts der „Neuen Freien Presse" vom Montag, dem 18. Mai 1914:

Und dann – Triest! Umgeben von feinen malerischen grünen Hügeln, seinen schönen mit riesigen Quadern gepflasterten Straßen und Plätzen und seinem prächtigen Hafen mit tausend Masten, von dem der mit Brücken überwölbte Canal Grande in die Stadt führt, ein Stückchen Venedig mit den eng am Wasser stehenden Häusern und dem Säulentempel der Kirche Sant'Antonio Nuovo zum Abschluss.

Und dieses frohe Treiben, diese lebhaften schwarzäugigen, gestikulierenden Menschen, (…) mit großartigem Frisurenbau, aber ohne Hüte, Matrosen und Fischer, bunte fremdartige Gestalten und Trachten! Reich pulsierendes Blut in den Adern dieses Volkes, reich pulsierendes Leben auf den Straßen und Plätzen, ein eigenartiges fröhliches Hin und Her, ein Korso bis weit über Mitternacht hinaus bei hellerleuchteten Schaufenstern – ein ganz anderes Lebens ist's im sonnigen

Romantik pur: Blick vom Rilkeweg zwischen Sistiana und Duino über die Bucht von Triest

Süden als in unseren gemächlichen Zonen des „Komm ich heut nicht, komm ich morgen!"

Im Süden der weiten Bucht liegt die Werft des „Lloyd" mit ihren Prachtgebäuden im Stile Miramares und noch weiter der Molo San Marco und das „Stabilimento Tecnico", wo unsere Schlachtriesen gebaut werden, wo „Viribus Unitis" und „Tegetthoff" unter ohrenbetäubendem Jubelruf der begeisterten tausendköpfigen Menge langsam majestätisch in die blauen Wogen glitten. Von der herrlichen Piazza Grande aus, von dem Café Specchi, wo man unbedingt eine Eisbombe essen muss – denn das ist hierzulande etwas Exquisites, übersieht man den Molo San Carlo und den weiten Hafen mit den unzähligen Schiffen vom kleinen Fischerboot und Handelskutter an bis zu den stolzen, vornehmen Salondampfern.

DIE GRANDHOTELS

In Triest kann man heute noch wie zu Kaisers Zeiten logieren. Die beiden Hotels, die für sich in Anspruch nehmen, die ersten Häuser der Stadt zu sein, sind das **Grand Hotel Duchi d'Aosta** und das **Savoia Excelsior Palace.**

GRAND HOTEL DUCHI D'AOSTA

Das Duchi d'Aosta auf der Piazza Unità wurde 1873 im Auftrag der Assicurazioni Generali als **„Hotel Garni"** eröffnet. Architekt war der Triestiner **Eugenio Geiringer** (1844–1904). 1908 wurde es nach dem neuen Besitzer Pietro Vanoli in „Palazzo Vanoli" umbenannt und 1972 bekam es seinen heutigen Namen „Duchi d'Aosta" zu Ehren der Herzöge von Aosta.

Grand Hotel Duchi d'Aosta, Entree

Der Standort des Hauses hat eine lange Tradition. Schon im 3. Jahrhundert befand sich hier das **„Hospitium Magnum"**, das vor allem Pilger auf dem Weg nach Rom beherbergte. Es wurde zwischen 1727 und 1732 abgerissen und es entstand das Hotel „Osteria Grande", das nach zahlreichen Umbauten zum größten Hotel der Stadt – „Locanda Grande" – wurde. Hier nächtigten die **Habsburger Kaiser** Joseph II. und Leopold II. Ebenso waren **Carlo Goldoni, Giacomo Casanova und Admiral Nelson** mit seiner Lady Hamilton hier Gäste. 1847 wurde das Hotel geschleift und der heutige Palazzo entstand.

Das Restaurant des Hotels – **„Harry's Grill"** – wurde 1972 von Arrigo Cipriani im Stil seiner berühmten Harry's Bar in Venedig eröffnet und bietet eine erstklassige Küche in gehobenem Ambiente mit Blick über die Piazza. Beliebt ist auch der „Businesslunch" und besonders schön lässt es sich im Café in edler Umgebung verweilen. Das „Grand Hotel Duchi d'Aosta" ist heute im Besitz der Familie Benvenuti, die auch das „Riviera & Maximilian's", ein erstklassiges Hotel über der Bucht von Grignano, führt.

Das Duchi d'Aosta wurde 2006 komplett renoviert und seine 51 Zimmer und 2 Suiten haben bei allem Komfort ihren antiken Charakter erhalten. Hinzu kam ein Spa mit edlem Indoorpool. Das Duchi ist mit Sicherheit das Hotel in Triest mit der historisch schönsten Ausstrahlung, was auch die Liste der „zeitgenössischen" Gäste von Claudio Abbado über Ray Charles bis Francis Ford Coppola oder Sting beweist.

Grand Hotel Duchi d'Aosta, Piazza dell'Unità d'Italia 2/1, 34121 Triest
Tel. +39 040 7600011, www.duchi.eu

WINCKELMANN UND DIE „MESSERAFFÄRE“

Einer der berühmtesten Hotelgäste des „Duchi d'Aosta“ war der Begründer der wissenschaftlichen Archäologie und Kunstgeschichte, Johann Joachim Winckelmann (1717–1768). Wegen eines melancholischen Anfalls auf der Reise von Deutschland, seiner Heimat, zurück in sein geliebtes Rom machte er am 1. Juni 1768 in der damaligen „Locanda Grande“ Station und bezog ein Zimmer mit Blick auf den Hafen.

Nebenan wohnte der 31-jährige Francesco Arcangeli, ein unscheinbarer Mann, der ohne Geld und Gepäck reiste und bereits als verurteilter Dieb vier Jahre in verschiedenen Gefängnissen zugebracht hatte. Die beiden Männer kamen in der Gaststube ins Gespräch. Winckelmann suchte nach einem Schiff, das ihn nach Venedig bringen sollte, Arcangeli bot an, ihm zu helfen.

In den darauffolgenden Tagen freundeten sich die beiden Männer an, Arcangeli war beflissen, sich unentbehrlich zu machen und Winckelmann zeigte sich allzu leichtsinnig gegenüber seinem neuen Freund. Ohne Argwohn erzählte er von seiner gesellschaftlichen Stellung und zeigte stolz verschiedene Münzen, die er für seine wissenschaftlichen Arbeiten von Kaiserin Maria Theresia persönlich bekommen hatte. Arcangeli, in chronischer Geldnot, brachte dies wohl auf abwegige Gedanken ...

Handelsschiffe am Canal Grande

Johann Joachim Winckelmann

Als Winckelmann nicht mehr länger auf ein Schiff warten wollte und seine Weiterreise auf dem Landweg plante, schritt Arcangeli zur Tat. Am Vormittag des 7. Juni machte er sich auf, ein Messer zu kaufen und später besorgte er in einem Krämerladen noch zusätzlich Bindfäden, die er selbst zu einem Strick zusammendrehte. An diesem Abend speisten die beiden Männer gemeinsam, doch wie Arcangeli später aussagte, fehlte ihm in dieser Nacht der Mut zur Tat.

Am Morgen darauf kam Arcangeli in Winckelmanns Zimmer. Er fand den Gelehrten ohne Oberkleider und Perücke an seinem Schreibtisch sitzend und warf ihm ohne Vorwarnung den selbst gedrehten Strick um den Hals. Winckelmann, viel größer und kräftiger, wehrte sich stark und gewann die Oberhand. Arcangeli zog daraufhin das Messer und es begann ein Ringen um Leben und Tod. Winckelmann fiel unglücklich zu Boden, Arcangeli stach fünf Mal zu. Ein Kammerdiener, der das Gepolter hörte, eilte zu Hilfe und fand Winckelmann am Boden und Arcangeli auf ihm kniend vor.

Der Täter floh sofort aus dem Haus, während sich Winckelmann in die Gaststube schleppte. In jener Zeit schnelle Hilfe zu holen war ein schwieriges Unterfangen. Man schickte sofort nach einem Wundarzt, da dieser jedoch nicht anzutreffen war, eilte stattdessen ein Priester herbei. Als schließlich ein Arzt eintraf, war es für jede Hilfe zu spät. Überliefert ist, dass Winckelmann gefasst und trotz der Schmerzen noch eine klare Aussage zum Tathergang machen und sein Testament diktieren konnte.

Winckelmann starb am Nachmittag des 8. Juni 1768, während sein Mörder in blutbefleckter Kleidung und ohne Beute auf der Flucht war. Ein paar Tage später konnte er in der Nähe von Krain verhaftet werden. Vor Gericht zeigte sich Arcangeli kaltblütig und bezeichnete seine Tat als „Geschäft mit dem Messer", als *affare del coltelletto*. Er wurde zum Tod auf dem Rad verurteilt und am 20. Juli 1768 auf dem damaligen Petersplatz in Triest hingerichtet.

Winckelmann, in Triest gänzlich unbekannt, wurde ohne Ehren auf dem heute aufgelassenen Friedhof neben dem Castello San Giusto beerdigt. Später landeten seine sterblichen Überreste in einem Massengrab. Erst 1823 wurde ihm zu Ehren ein kleines Mausoleum im Steingarten des **Civico Museo Storia ed Arte** angelegt, das heute an ihn erinnert (siehe S. 69 und 71).

Goethe sagte über Winckelmann: „Sein frühzeitiger Tod schärft die Aufmerksamkeit auf den Wert seines Lebens" und tatsächlich beeinflusst Winckelmanns Werk bis heute nachhaltig sowohl Kunstgeschichte als auch Archäologie.

SAVOIA EXCELSIOR PALACE

Direkt an der Riva, der Uferpromenade, liegt das eindrucksvolle Gebäude des Savoia Excelsior Palace, errichtet zwischen 1910 und 1911 von **Ladislaus Fiedler** im eklektischen Stil. Der Bau, 1909 von Österreich auf dem Platz der ehemaligen Seebehörde genehmigt, gestaltete sich schwierig, da die damalige Riva nicht für das Gewicht eines so großen Gebäudes ausgelegt war und das Gelände aufwendig aufgeschüttet und mit Eisen verstärkt werden musste.

Damals wie heute war **Triest Ausgangspunkt für Seereisen und Vergnügungsfahrten** im Mittelmeer. Die großen **Luxusschiffe** legten direkt an der Riva an und so konnten sich die Gäste des Excelsior in nur wenigen Schritten auf ihre Schiffe begeben.

Savoia Excelsior Palace, Innenhof und Lobby

Im Juni 1911 musste das Haus mit 250 zusätzlichen Arbeitern auf Hochdruck fertiggestellt werden, da bereits zwei Tage vor der offiziellen Eröffnung am 20. Juni die kaiserlichen Gäste anreisten, die zum **Stapellauf des neuen Schlachtschiffs** der k. u. k. Marine, der Viribus Unitis, geladen waren.

Die **Schiffstaufe** war für den 24. Juni um 9 Uhr morgens in der Werft San Marco geplant. Taufpatin war **Erzherzogin Maria Annunziata,** die mit ihrem Bruder, Erzherzog Franz Ferdinand, und seiner Gemahlin angereist war. Franz Ferdinand war als Vertreter des Kaisers gekommen, der krankheitsbedingt absagen musste und taufte so jenes Schiff mit, das fast auf den Tag genau drei Jahre später seinen Leichnam von Sarajewo zurück nach Triest bringen sollte. Der Stapellauf der Viribus Unitis wurde von der damaligen Presse zu einem hochstilisierten „Event“, das im Zuge der allgemeinen Aufrüstung in Europa vor allem Propagandazwecken diente.

Die **Eröffnung des Excelsior Palace** fand am 22. Juni 1911 unter großen Feierlichkeiten statt, es war das letzte aus einer Reihe von Grandhotels, die an der k. u. k. Riviera erbaut wurden und erhielt schnell die Auszeichnung, das „luxuriöseste und eindrucksvollste Hotel der österreichisch-ungarischen

Monarchie" zu sein. Auch **Kaiser Franz Joseph** war von dem Hotel begeistert. Zur Eröffnung verfügte es über 230 Zimmer, davon bereits 70 mit Bad. Als am 3. November 1918 der italienische König Vittorio Emanuele III. im Excelsior nächtigte, wurde dem Haus der Zusatz „Savoia" verliehen.

Das Hotel war bereits einige Jahre geschlossen, als es 2007 von der „Starhotels Gruppe" gekauft und zwei Jahre später, nach einer **umfassenden Renovierung** wieder eröffnet wurde. Die historische Bausubstanz wurde erhalten und über 60 originale Möbelstücke gehören nach ihrer Restaurierung wieder zum Mobiliar des Hotels. 1200 Meter Holztäfelung, Wandspiegel, Konsolen, Polstermöbel und Schreibtische lassen so das **Flair der k. u. k. Zeit** wieder aufleben. Besonderes Highlight sind die 6000 Stück Porzellan, die – nach 1912 eingelagert – wieder auf die Tische des Restaurants zurückkehrten.

Heute verfügt das Excelsior über 144 Zimmer und Suiten und damals wie heute ist der Blick von den Balkonen über die Riva und das Meer spektakulär. Das Restaurant „Savoy" bietet italienische Gourmetküche in elegantem Ambiente. Wer einfach einmal hineinschnuppern möchte, kann auch gediegen einen Kaffee in der „Le Rive Bar" mit Blick auf die Mole genießen.

Savoia Excelsior Palace, Riva del Mandracchio 4, 34124 Triest
Tel. +39 040 77941, www.starhotelscollezione.com

FLANIEREN IN TRIEST

PIAZZA DELL'UNITÀ D'ITALIA

Die Piazza dell'Unità d'Italia ist ein idealer **Ausgangspunkt zur Erkundung Triests.** Der Platz besticht durch seine Eleganz, seine Größe von **16 000 Quadratmetern** und seine neoklassizistischen Bauten, die abends wunderbar beleuchtet sind und sich im Meer spiegeln.

Ungefähr die Hälfte der Fläche der heutigen Piazza wurde im **Mittelalter** angelegt, nachdem der römische Hafen, der hier lag, versandet war. Von 1859 bis 1863 wurde das mittelalterliche Hafenbecken nochmals angeschüttet und der Platz, die damalige **Piazza Grande,** in seiner heutigen Größe entstand.

Bis zum Ende der Monarchie war die Piazza meerseitig von einem kleinen Park mit **Musikpavillon** begrenzt, in dem es an Feiertagen Konzerte verschiedener Regimentskapellen gab. Er diente vor allem dazu, den Lärm und Ruß der Dampfschiffe und der Rivabahn, der Dampflokomotive, die zwischen dem Campo Marzio und dem Hauptbahnhof verkehrte, zu mildern.

Anfang des 21. Jahrhunderts wurde die Piazza von dem französischen **Architekten Bernard Huet** (1932–2001) umgestaltet. Er baute auch die Strahler ein, die die Piazza abends in ein elegantes Blau tauchen.

1

PALAZZO DEL MUNICIPIO (RATHAUS)

An der Ostseite der Piazza befindet sich das **Rathaus von Triest,** erbaut in den Jahren 1872 bis 1875 vom Triestiner Architekten Giuseppe Bruni (1827–1877).

Die streng symmetrische Fassade im eklektischen Stil mit venezianischen, französischen und deutschen Einflüssen gibt mit ihrer aufwendigen Beleuchtung besonders abends ein schönes Fotomotiv ab. Das Gebäude nimmt die komplette Breite der Piazza ein und dient als **„Architekturvorhang"**, um den Platz zur dahinterliegenden Altstadt und dem früheren jüdischen Viertel abzugrenzen.

Zu jeder vollen Stunde schlagen die beiden mannshohen Bronzestatuen **„Michele e Giacomo"**, deren Originale sich im Castello San Giusto befinden, die Turmglocke. Die beiden stammen aus dem Jahr 1517 und standen auf dem „Torre del Mandracchio", dem Tor, durch das man den alten Hafen betrat. Obwohl aus Bronze, oxidierten die beiden Figuren so stark, dass die Triestiner sie nur „I Mori di Piazza" nannten. Lange vergessen, fanden sie auf dem Rathausturm schließlich ihre neue Bestimmung.

2

FONTANA DEI QUATTRO CONTINENTI

Der **„Brunnen der vier Kontinente"** steht erst seit 2001 wieder auf seinem ursprünglichen Platz vor dem Rathaus, nachdem er 1938 für eine Rede Mussolinis entfernt wurde, um mehr Platz für die Zuschauer zu schaffen. Der Brunnen war 1750 von **Giovanni Domenico Mazzoleni** errichtet worden und symbolisiert die damals bekannten vier Kontinente Europa,

Asien, Afrika und Amerika. Triest wird als junge Frau dargestellt, die sich einem orientalischen Kaufmann zuwendet, über allem thront der „Ruhmesengel". Der Brunnen war früher das Ende des **„Acquedotto Teresiano"**, des Aquädukts, das unter Maria Theresia errichtet worden war, um das neu angelegte Handelsviertel Borgo Teresiano mit Trinkwasser zu versorgen.

3 STATUE KAISER KARLS VI.

Ein paar Schritte neben dem Brunnen wurde zu Ehren jenes Kaisers, der Triest zum Freihafen erhoben hatte, am 10. September 1728 eine Statue errichtet: Sie zeigt den **begeisterten Seefahrer** Kaiser Karl VI. in lässiger Pose auf das Meer blickend. Seine linke Hand weist in Richtung des alten Triestiner Hafens.

4 PALAZZO MODELLO

Das erste Gebäude auf der Nordseite des Platzes ist der zwischen 1871 und 1873 ebenfalls von **Giuseppe Bruni** erbaute Palazzo Modello. Seine Fassade im eklektischen Stil mit Anleihen aus der Antike, der italienischen Renaissance und des Barocks sollte ursprünglich als Modell für alle weiteren Bauten auf der Piazza dienen.

5 CASA STRATTI

Direkt angrenzend befindet sich die Casa Stratti, errichtet 1839 im Auftrag des griechischen **Kaufmanns Nicolò Stratti,** der sich mit dem Bau des Palazzo allerdings finanziell übernommen hat. 1846 verkaufte er das Gebäude an die **Assicurazioni Generali,** in deren Besitz es bis heute ist. Die Fassade des Palazzos wurde erst 1872 von den Architekten Eugenio Geiringer (1844–1904) und Domenico Righetti (1809–1894) fertiggestellt.

Ebenerdig findet sich Triests berühmtestes Café, das **Caffè degli Specchi,** 1839 von Nicolò Privolo eröffnet und bis heute in der **Tradition eines Wiener Kaffeehauses** geführt. Durch seine einmalige Lage und Ausstattung wurde es schnell zum ersten Treffpunkt der Stadt, an dem sich neben **Industriellen und wohlhabenden Bürgern** auch **Literaten und Künstler** einfanden. Italo Svevo, Rainer Maria Rilke und James Joyce waren hier Stammgäste. Im Zweiten Weltkrieg geschlossen, wurde das Café 1953 wieder eröffnet und von der (früheren) Triestiner Kaffeerösterei Hausbrandt übernommen. Seit 2012 wird es sehr erfolgreich von der **Konditoreikette Peratoner** aus Pordenone geführt, die dem Kaffeehaus neue Frische verlieh und auf 67 verschiedene Arten den Kaffee kredenzt. Lassen Sie sich beraten!

Caffè degli Specchi, Piazza dell'Unità d'Italia 7, www.caffespecchi.it

6 PALAZZO DEL GOVERNO

Gleich daneben befindet sich der Palazzo del Governo, erbaut zwischen 1901 und 1905 vom **Wiener Architekten** Emil Artmann (1871–1939) und somit das jüngste Gebäude am Platz. Seine Fassade ist auffällig mit bunten und goldfarbenen Ornamenten aus **Muranoglas** geschmückt, die ursprünglich den Habsburger Doppeladler darstellten, 1918 jedoch durch das Kreuz derer von Savoyen ersetzt wurde. Früher befanden sich darin die Amtsräume des kaiserlichen Statthalters, heute ist es **Sitz der Präfektur.**

Palazzo del Governo – Präfektur

7 PALAZZO PITTERI

Auf der Südseite der Piazza, steht der Palazzo Pitteri, der 1790 vom friulanischen Architekten **Ulderico Moro** im spätbarocken Stil erbaut wurde und damit das älteste Gebäude des Ensembles ist. Besitzer war damals der reiche Kaufmann Domenico Plenario, doch der Palazzo trägt heute den Namen eines späteren Besitzers, des **Schriftstellers Riccardo Pitteri** (1853–1915). Heute gehört das Gebäude der Versicherungsgesellschaft „Allianz".

8 PALAZZO DEL LLOYD TRIESTINO

Meerseitig wird die Piazza von dem eindrucksvollen Palazzo del Lloyd Triestino, bis 1921 **Palazzo del Lloyd Austriaco,** begrenzt. Erbaut 1883 von **Heinrich von**

Palazzo del Lloyd, „Süßwasser"-Statue

Ferstel (1828–1883) im Stil der italienischen Renaissance, dient er heute als Sitz der **Regionalregierung.**

An den Ecken der Fassade finden sich die allegorischen Darstellungen des Süßwassers links und des Meerwassers rechts, die daran erinnern, dass dieses Gebäude einst der prunkvolle Sitz einer österreichischen Gesellschaft war, die zu einer der bedeutendsten Dampfschifffahrtsgesellschaften der Welt aufsteigen sollte.

9 MOLO AUDACE

Auf den Resten des 1739 gesunkenen spanischen Schiffs „San Carlo" wurde 1754 der damalige **Molo San Carlo** erbaut und so lange vergrößert, bis er seine heutige Länge von 246 Metern erreichte. Den Namen erhielt die Hafenmole von dem **italienischen Zerstörer „Audace"**, der hier am 3. November 1918 anlegte und Triest unter italienische Kontrolle brachte. Die bronzene Windrose am Ende der Mole erinnert an dieses Ereignis. Heute dient der Betonsteg vor allem **zum Flanieren** und bietet eine Plattform für spektakuläre Fotomotive in Richtung Piazza Unità.

10 PIAZZA VERDI UND TEATRO VERDI

Neben der Piazza Unità findet sich auf der Piazza Verdi **Triests Opernhaus,** benannt nach Giuseppe Verdi, dessen Opern „Il Corsaro" 1848 und „Stiffelio" 1850 hier uraufgeführt wurden. Erbaut wurde es 1798 im neoklassizistischen Stil unter der Leitung von **Gian Antonio Selva** (1751–1819), dem Architekten des Teatro La Fenice in Venedig, und Matteo Pertsch (1769–1834).

Eröffnet als **„Teatro Nuovo"** am 21. April 1801, erhielt es 1901, nur wenige Tage nach Verdis Tod, als erstes Theater weltweit den Namen „Teatro Verdi". Heute hat es in Italien einen exzellenten Ruf und veranstaltet als einziges Opernhaus Italiens in der Sommerpause ein **Operettenfestival.**

DER ÖSTERREICHISCHE LLOYD

Der „Österreichische Lloyd" wurde im April 1833 aus einem Zusammenschluss von Triestiner Versicherungen und Banken gegründet, um Kaufleuten, Schiffsmaklern und Versicherungen zuverlässige Informationen über den Zustand der von ihnen gecharterten oder versicherten Schiffe zu geben.

Gründer waren der spätere Handelsminister **Karl Ludwig von Bruck, Joseph Lazarus Morpurgo** und der Bankier **Pasquale Revoltella.** Drei Jahre später erwarb die Gesellschaft zusätzlich eine Konzession für den Betrieb einer Dampferlinie.

Das Gründungskapital belief sich auf 1 Million Gulden, die heute circa 18 Millionen Euro entsprechen. Das erste Schiff, die **„Arciduca Ludovico"** brach im darauffolgenden Jahr zur Jungfernfahrt nach Konstantinopel auf. Kurz darauf kamen zwei weitere Dampfer dazu und das Streckennetz wurde von der Adria auf die Levante ausgeweitet.

Palazzo del Lloyd auf der Piazza Unità

1848 wickelte der Lloyd mit 24 Raddampfern bereits die gesamten öffentlichen Transporte des österreichischen Staates ab und baute 1853 nahe dem heutigen Molo Fratelli Bandiera das **„Arsenale Sant'Andrea"**, in dem 3 000 Männer Arbeit fanden. 1865 lief hier die 1 700 Tonnen schwere „Austria" vom Stapel, das erste Dampfschiff, das zur Gänze aus Eisen gebaut wurde.

Zur Eröffnung des Prestigeprojektes der Zeit, des Suezkanals, im November 1869, an dem sich der Lloyd beteiligt hatte, waren die Lloyd-Dampfer „America", „Pluto" und „Vulcan" im ersten Konvoi, die unter den Augen von Kaiser Franz Joseph den Kanal passierten.

Der **Suezkanal** revolutionierte die Schifffahrt, eine Reise von Triest nach Alexandria dauerte nur noch 3 Tage und Ziele wie Hongkong oder Singapur rückten in greifbare Nähe. Das Handelsaufkommen explodierte derart, dass die nördliche Hafenanlage Triests, der **Punto Franco,** großzügig ausgebaut werden musste. Es entstand der **größte Eisenbahnhafen** der Monarchie und der Österreichische Lloyd, der 1887 86 Schiffe besaß, wurde zur **größten Schifffahrtsgesellschaft der Welt.** Noch heute erinnert der 75 Meter hohe eiserne Kran **„Ursus"**, einer der ältesten und größten Schwimmkräne der Welt, der an der Mole 23 verankert ist, an diese Zeit.

In dieser wirtschaftlich äußerst erfolgreichen Ära leistete sich das Unternehmen, das bisher sein Büro im Palazzo Tergesteo

Thalia, das erste Kreuzfahrtschiff des Lloyd

an der Piazza della Borsa gehabt hatte, einen **neuen pompösen Firmensitz,** der vom damaligen **Stararchitekten Heinrich von Ferstel** direkt an der Piazza realisiert wurde. Sein 50-jähriges Firmenjubiläum feierte der Lloyd mit dem Stapellauf der **„Imperator“** mit über 4 000 Tonnen, dem bisher größten Schiff der Gesellschaft.

Immer größer werdende Schiffe, hohe Transportkosten und der Bau des Lloyd-Palazzos brachten die Gesellschaft nach und nach in die Verlustzone. Staatssubventionen wurden nötig, jedoch erholte sich der Lloyd ab 1906 bis zum Ausbruch des Ersten Weltkriegs nochmals mit den inzwischen in Mode gekommenen **Vergnügungsfahrten.** Der Tourismus zur See mit seinen weißen Schiffen hatte begonnen. Die 1886 in Schottland gebaute knapp 100 Meter lange **„Thalia“** wurde als erstes reines Vergnügungsschiff in Dienst gestellt.

Bis 1918 hatten **12 Reedereien** ihren Sitz in Triest und von der großen Auswanderungswelle zwischen 1876 und 1910 profitierte vor allem die Reederei „Austro-Americana“. Rund vier Millionen Menschen verließen in jenen Jahren die Länder der Monarchie, ein Großteil davon versuchte in den Vereinigten Staaten von Amerika sein Glück.

Zu Kriegsausbruch 1914 besaß der Lloyd noch 65 Schiffe und beschäftigte 6 000 Mitarbeiter. 33 Schiffe wurden als Hospitalschiffe oder für Truppentransporte eingesetzt. Am 28. November 1918, wenige Tage nach Ende des Ersten Weltkriegs, übergab der Vorstand des Lloyd die Gesellschaft an die italienische Regierung, die den Betrieb unter dem Namen **„Lloyd Triestino“** weiterführte.

Der Österreichische Lloyd war nach den „k. k. Staatsbahnen“ das erfolgreichste Verkehrsunternehmen der Monarchie. Es schlug zwischen 1837 und 1914 mit 220 Dampfern 37 Millionen Tonnen Waren um und beförderte 21,5 Millionen Passagiere. Triest wurde damit bis 1914 zum fünftwichtigsten Hafen Europas. Heute wird der einstige Lloyd unter dem Namen **„Italia Marittima“** von einem taiwanesischen Konzern betrieben.

BORGO TERESIANO

Kein anderes Viertel spiegelt stärker die österreichische Vergangenheit Triests wider als das Borgo Teresiano, das um 1750 **im Auftrag Kaiserin Maria Theresias** (1717–1780) angelegt wurde. In dieser wirtschaftlich erfolgreichen Zeit siedelten sich Menschen aus allen Regionen des Mittelmeers hier an, um Handel zu treiben. Die schnell wachsende Stadt brauchte daher dringend Wohnraum, neue Verwaltungsgebäude und eine Wasserleitung.

Das neue Viertel sollte auf den bereits 1730 von Kaiser Karl VI. enteigneten Salinenfeldern im Norden der Stadt entstehen. Der Baubeginn gestaltete sich schwierig, da kaum genügend Arbeiter für die **Trockenlegung des Areals** gefunden werden konnten, zusätzlich musste die **ehemalige Stadtmauer** entlang des heutigen Corso Italia geschleift werden.

Das Theresianische Viertel erstreckt sich von der **Piazza della Borsa entlang des Corso Italia und der Via Carducci bis hin zur Via Carlo Ghega** nahe dem Hauptbahnhof. Damals war das Viertel ein Musterbeispiel moderner Stadtplanung, in dem sich die Straßen beinahe reißbrettartig im rechten Winkel durch das Viertel ziehen. Für die Gebäude galten **strenge Baurichtlinien.** Handelsgebäude mussten im Erdgeschoß einen hohen Lagerraum und im Obergeschoß eine Wohnung haben, Wohnhäuser hingegen waren mit zwei Wohnetagen und einem Dachboden zu planen. Alles gruppierte sich um den **Canal Grande,** der 1754 von Matteo Pirona umgesetzt wurde und als neuer geschützter Stadthafen dienen sollte. Das Interesse hier zu bauen war groß, **reiche Kaufleute und wohlhabende Bürger** übertrafen sich damit, die schönsten Palazzi zu errichten. Gleichzeitig siedelten sich **verschiedene Religionsgruppen** in diesem Viertel an und bauten ihre Kirchen in unmittelbarer Nähe zueinander. Die **Wasserleitung,** die damals durch das Viertel gezogen wurde, ist ebenfalls noch immer zu sehen, man erkennt sie an den in die Straße eingelassenen länglichen, hellen Steinplatten.

Ponte Rosso mit James-Joyce-Statue

Heute ist das Borgo Teresiano ein beliebtes **Shopping- und Flanierviertel.** Viele Cafés und Bars haben sich angesiedelt. Bestechend ist die **klassizistische Bausubstanz** mit einigen besonders eindrucksvollen Fassaden, zum Beispiel in der Via Dante Alighieri 4 oder in der Via Mazzini 34.

11
PIAZZA DELLA BORSA

Das Borgo Teresiano beginnt an der **Piazza della Borsa,** dem Börseplatz, der vom **Palazzo della Borsa Vecchia** mit seinem dorischen Säulenportal dominiert wird. Das Gebäude wurde 1806 von Antonio Mollari im neoklassizistischen Stil erbaut. Der eindrucksvolle Bau zeigt die wichtige Stellung, die der Warenhandel, vor allem der Handel mit Rohkaffee, in Triest hatte.

Ab 1928 verlegte man die Börse in den **Palazzo Dreher,** das Jugendstilgebäude mit der imposanten Rundung, schräg rechts hinter der alten Börse in der Via della Cassa di Risparmio 2. Seine Aufschrift „Borsa" zeugt noch von dieser Zeit. Heute befindet sich hier das Museo Commerciale, das Museum der Triestiner Handelskammer.

Auf der Piazza della Borsa befand sich vor dem Bau des Borgo Teresiano die „Porta di Vienna", das „Wiener Tor", mit der alten Zollstation. Heute steht hier die **Fontana di Nettuno,** der Neptunbrunnen und die **Statue des Habsburgerkaisers Leopold I.** (1640–1705), der Triest am 25. September 1660 einen siebentägigen Besuch abstattete. Die bronzene Statue, gefertigt vom Venezianer Carlo Trabucchi, zeigt Leopold I. in Prunkharnisch und Krönungsmantel, Zepter und Reichsapfel haltend.

Tipp: Das **Antico Caffè Torinese,** eine kleine Bar an der Ecke Corso Italia/Via Roma, erinnert mit ihrer eleganten Holzausstattung an frühere Oceanliner. Die Inneneinrichtung wurde vom Dekorateur Giugliano Debelli gestaltet, der sich mit der Ausstattung der Luxusschiffe „Saturnia" (1927) und „Vulcania" (1928) einen Namen gemacht hat. Die Einrichtung wurde liebevoll erhalten und der heutige Besitzer unterstreicht mit seiner hauseigenen Kaffeemischung „Miscela Storica" und klassischen Cocktails den historischen Charakter seines Lokals (Corso Italia 2, *www.anticocaffetorinese.ts.it*).

Piazza della Borsa mit Börse; Piazza del Ponterosso (u.)

Entlang der Via Roma kommt man zum Herzstück des Borgo Teresiano, der **Piazza del Ponterosso,** benannt nach der rot gestrichenen Holzbrücke, die bis 1854 den Kanal überspannte und später durch eine Steinbrücke ersetzt wurde. In der Mitte des Platzes

Der Canal Grande mit
der Chiesa Sant'Antonio

steht der um 1751 von Giuseppe Mazzoleni errichtete Barockbrunnen **Fontana del Giovannin,** der seinen Namen der Wasserzufuhr aus dem Stadtviertel San Giovanni verdankt. Die Piazza del Ponterosso, die heute ein wenig vernachlässigt wirkt, dient als Obst-, Gemüse- und Blumenmarkt.

12 CANAL GRANDE

Der Canal Grande wurde nach den Plänen von **Francesco Saverio de Bonomo** (1718–1787) in den Jahren 1754 bis 1756 aus den Resten eines **alten Salinenkanals** ausgebaut. Architekt war der Venezianer Matteo Pirona. Der Canale sollte den bisherigen Hafen vor der Piazza ersetzen und den Schiffen das Be- und Entladen in einem vor Sturm geschützten Umfeld ermöglichen.

Der Canal Grande ist 333 Meter lang und 16 Meter breit und reichte damals noch bis zur Chiesa Sant'Antonio hinauf. Ursprünglich existierten **drei Drehbrücken** über den Kanal, die auch großen Schiffen die Zufahrt ermöglichten. Zwei von ihnen sind heute als feste Brücken noch in Betrieb: die **Ponte Verde** auf der Meerseite des Kanals und die **Ponte Rosso** am Stadtende. Bis zu **25 große Segelschiffe** konnten früher am Canal anlegen, um ihre Waren zu löschen, und trotzdem war es immer noch möglich, dass einfahrende und ablegende Schiffe mittig den Kanal durchsegelten. 1930 wurde das Endstück des Kanals zugeschüttet und die **Piazza Sant'Antonio** entstand.

Auf der Ponte Rosso begegnet uns der in Bronze gegossene irische Dichter **James Joyce,** der 1905/1906 im Borgo Teresiano wohnte. Nach ihm ist die neue gläserne Fußgängerbrücke, der „Passaggio James Joyce", benannt, der den Kanal zwischen den beiden alten Brücken überspannt. Bekannt ist sie auch als „Ponte Curto", da die Brücke anfangs wegen eines Planungsfehlers um gut einen Meter zu kurz geraten war.

In Blickrichtung zum Meer auf der linken Seite des Canals verläuft die Via Vincenzo Bellini mit dem **Palazzo Genel.** Erbaut um 1870 von Antonio Bacicchi, ist er heute Sitz der Banca Nazionale del Lavoro. Meerseitig, an der Ecke zur Riva III Novembre, steht der eindrucksvolle **Palazzo Carciotti** mit seiner Fassade im neoklassizistischen Stil. Geplant wurde dieser monumentale Palazzo mit einem dem Meer zugewandten Säulenportal von Matteo Pertsch für den griechischen Kaufmann Demetrio Carciotti.

Auf der Kuppel des Gebäudes prangt der französische Adler, da der Palazzo 1803 während der französischen Besatzung Triests fertiggestellt wurde. Heute gehört der renovierungsbedürftige Palazzo der Stadt Triest.

Rechts vom Canal Grande befindet sich in der Via Gioachino Rossini der im venezianisch-romanischen Stil gehaltene **Palazzo Gopcevich** mit seiner rot-weißen Fassade. Er gehörte einst dem reichen Kaufmann Spiridione Gopcevich, der ihn 1850 von Giovanni Berlam erbauen ließ. Die Fassade zeigt Szenen aus der Schlacht bei Amselfeld 1389, bei der sich die Serben dem ottomanischen Vormarsch entgegenstellten. Heute beherbergt der Palazzo das **Theatermuseum Carlo Schmidl** (Via Rossini 4, www.museoschmidl.it).

13

CHIESA SANT'ANTONIO NUOVO/SANT'ANTONIO TAUMATURGO

Die katholische Kirche Sant'Antonio Nuovo, erbaut von **Pietro Nobile** (1774–1854) im neoklassizistischen Stil, wurde 1842 geweiht und ist das größte Gotteshaus der Stadt. Den Zusatz „Nuovo“ bekam die Kirche, weil hier schon zuvor eine kleinere Kirche stand, die für das aufstrebende Handelsviertel jedoch nicht mehr angemessen erschien.

Die Architektur ist **mit sechs ionischen Säulen** einem griechischen Tempel nachempfunden, der sich, je nach Lichtverhältnissen, äußerst fotogen im Canal Grande spiegelt. Die Säulen stützen einen schmucklosen dreieckigen Giebel, auf der Balustrade stehen die Statuen von sechs Triestiner Märtyrern.

Wegen finanzieller Schwierigkeiten fiel der Innenraum der Kirche eher schlicht aus. Schlanke ionische Säulen tragen ein Kassettengewölbe und sechs Tafeln deutscher und venezianischer Künstler des 18. und 19. Jahrhunderts zieren die Wände. Das **Fresko über dem Altar,** vom venezianischen Künstler Sebastiano Santi (1836) gestaltet, zeigt den Einzug Christi in Jerusalem. Der Hauptaltar wurde vom Architekten **Pietro Nobile** entworfen und von Francesco Bosa (1837) gefertigt. In einer Seitenkapelle hängt „Die Heimsuchung der Jungfrau“ von Alessandro Longhi (1769), dem Sohn des berühmten Malers Pietro Longhi.

14

CHIESA SANTISSIMA TRINITÀ E SAN SPIRIDIONE

Die Chiesa San Spiridione war ursprünglich als **gemeinsame Kirche** der serbisch-orthodoxen und der griechisch-orthodoxen Christen in Triest gedacht. Nach einem Streit um 1780, der sich um liturgische Fragen drehte, spalteten sich die beiden

Glaubensgemeinschaften und nur die serbisch-orthodoxe Gemeinde verblieb in San Spiridione, während die **griechisch-orthodoxe** ihre **Chiesa San Nicolò dei Greci** an der Riva III Novembre 7 errichtete.

San Spiridione

Die Kirche mit ihrer 40 Meter hohen blauen Kuppel, die 1861 und 1869 vom Architekten **Carlo Maciachini** (1818–1899) ausgebaut und im neobyzantinischen Stil erweitert wurde, hat den **Grundriss eines griechischen Kreuzes.** Auf der gesamten Fassade finden sich Mosaike aus **Muranoglas.** Über dem Hauptportal ist der heilige Spyridon dargestellt, darüber gibt es eine Reihe von Heiligenstatuen von Emilio Bisi. Das **Mosaik** zeigt die vier Evangelisten. Die reich dekorierte Fassade stammt vom Mailänder Maler Pompeo Bertini (1828–1899), die Fenster schuf Antonio Caremi.

Den im byzantinischen Stil dekorierten Innenraum beherrscht eine Ikonostase mit Szenen aus dem Leben Jesu. Der große Silberleuchter im Eingang wurde 1772 vom russischen Zaren Paul I. anlässlich seines Besuchs in Triest gestiftet. Die **wertvollste Ikone** ist die Madonna Hodegitria, ein Werk von **Andrea Rico da Candia** (1422–1492). San Spiridione zeugt vom Wohlstand der serbischen Kaufleute, die Anfang des 18. Jahrhunderts nach Triest kamen. Noch heute ist die serbisch-orthodoxe Gemeinde von Triest eine der größten Italiens.

Ein Stück weiter entlang der Via Roma liegt die **Piazza Vittorio Veneto,** auf der sich das Hauptpostamt mit dem angeschlossenen Postmuseum, dem **„Museo Postale e Telegrafico della Mitteleuropa",** befindet. Das Postgebäude, errichtet von 1890 bis 1894 nach den Plänen des k. u. k. Oberbaurats **Friedrich Setz** (1837–1907), der an die 26 Postämter in der gesamten Monarchie erbaute, wurde im eklektischen Stil errichtet. Es hat eine Grundfläche von knapp 7 100 Quadratmetern und zeigt durch seine Größe, wie wichtig das Post- und Telegrafenamt für eine Stadt, die an das internationale Handels- und Finanznetz angeschlossen sein musste, war. Das Gebäude galt einst als **das schönste Postamt der gesamten Monarchie.**

Die riesige Schalterhalle hat eine Freitreppe, Säulengänge und ein damals hochmodernes Glasdach. Heute ist im Erdgeschoß das Post- und

Telegrafenmuseum, eröffnet 1997, untergebracht. Das Museum, das wie ein Postamt zur Jahrhundertwende gestaltet ist, zeigt historische Dokumente und Kommunikationsapparate rund um die Entwicklung des Postdienstes und der militärischen Feldpost. Besonderes Augenmerk liegt auf dem italienischen **Radiopionier Guglielmo Marconi** und der Geschichte der Telegrafie.

Hauptpostamt Piazza Vittorio Veneto

Der Springbrunnen in der Mitte des Platzes, die **Fontana dei Tritoni,** wurde 1899 eiligst hier aufgestellt, um ein Denkmal für Kaiser Franz Joseph zu verhindern. Der gesamte Platz wurde 2004 vom Wiener Architekten mit Triestiner Wurzeln Boris Podrecca neu gestaltet. Das Karomuster des Bodens erinnert den aufmerksamen Beobachter an die Piazza Tartini in Piran, die Podrecca ebenfalls gestaltet hat.

Palazzo delle Poste Italiane, Piazza Vittorio Veneto 1
Geöffnet täglich von 9 bis 13 Uhr, Eintritt 2 Euro/Person

Über die Via Giorgio Galatti verlassen wir das Borgo Teresiano für einen Abstecher zur Piazza Oberdan, die bereits im Borgo Franceschino, der „Città Nuova" von Triest liegt.

Ein wenig Nostalgie: Tram nach Opicina

BORGO FRANCESCHINO

Das Borgo Franceschino, die Franzensvorstadt, benannt nach dem österreichischen **Kaiser Franz I.** (1768–1835), ist der modernste Stadtteil Triests, dessen Bauentwicklung 1796 begann. Die Stadterweiterung nach Osten um die Via Carducci zog sich bis ins 19. Jahrhundert und ist geprägt von **neoklassizistischen Wohn- und Verwaltungsgebäuden** der damals rasant wachsenden Stadt.

15 PIAZZA OBERDAN

Zentrum ist die **Piazza Oberdan,** benannt nach Guglielmo Oberdan (1858–1882), dem jungen italienischen Nationalhelden. Sein versuchtes **Attentat am 17. September 1882** auf Kaiser Franz Joseph, anlässlich der Feierlichkeiten zur 500-jährigen Zugehörigkeit Triests zur Donaumonarchie, scheiterte und Oberdan wurde am 20. Dezember 1882 hingerichtet. Sein Tod brachte der irredentistischen Bewegung Italiens großen Zulauf und heute erinnern nach ihm benannte Plätze, Straßen und Schulen in ganz Italien an den Nationalhelden. Eine Gedenkstätte findet sich im **Risorgimento-Museum.**

Civico Museo del Risorgimento, Piazza Oberdan, Via XXIV Maggio 4
www.museodelrisorgimentotrieste.it

Ihr heutiges Aussehen bekam die Piazza Oberdan in den 1930er-Jahren. Früher stand hier die **große habsburgische Kaserne,** in der Guglielmo Oberdan hingerichtet worden war.

Die Piazza Oberdan ist verkehrstechnisch einer der wichtigsten Plätze der Stadt. Viele Buslinien enden hier und die berühmte **Tram de Opcina** hat hier ihre Haltestelle. Die Triestiner Tram, die in das Karstörtchen Opicina fährt, wurde 1902 als Zahnradbahn in Betrieb genommen und 1927 durch eine Standseilbahn ersetzt. Leider ist diese historische Bahn nun schon seit Längerem wegen notwendiger Reparaturarbeiten außer Betrieb, jedoch gibt es eine große Fangemeinde, die sich für die Wiederinbetriebnahme einsetzt. Sollte die Bahn schon wieder fahren – die Aussicht vom Karst über die Stadt ist herrlich! (Und eine Ersatz-Buslinie, die Linie 2 ab Piazza Oberdan, gibt es dorthin allemal.)

Über die Via Giosuè Carducci und die Via Cesare Battisti kommt man in die **Viale XX Settembre,** die früher den klingenden Namen „Via dell'Acquedotto" trug, da hier Mitte des 18. Jahrhunderts die von Maria Theresia angelegte unterirdische Wasserleitung verlief. Die schöne Allee ist teilweise für den Autoverkehr gesperrt und bildet mit ihren prachtvollen Fassaden des Eklektizismus und des Jugendstils und den vielen Restaurants und Eisdielen, die im Sommer ihre Gastgärten auf den Straßen haben, ein kleines Vergnügungszentrum. Schon **Biagio Marin** schrieb über die Straße: „L'acquedotto era tutto un concerto" – Die „Acquedotto" war ein einziges Konzert.

Auch die wichtigsten Kinos der Stadt finden sich hier, zum Beispiel das **Cinema Ambasciatori** im Palazzo Viviani Gilberti, einem prachtvollen Jugendstilbau auf Nr. 35. Weiters das Sprechtheater **Politeama Rossetti,** eröffnet 1878, und das Geburtshaus des Schrifstellers Italo Svevo auf Nr. 16.

Über die Seitenstraße Via Ugo Polonio kommt man zur Via Cesare Battisti 18. Hier befindet sich nahe der Synagoge von Triest eines der bedeutendsten Kaffeehäuser Triests, das **Antico Caffè San Marco.**

Das am 3. Januar 1914 eröffnete Jugendstilcafé wurde schnell zum Treffpunkt der Intellektuellen der Stadt. Italo Svevo, Umberto Saba, Gianni Stuparich und Virgilio Giotti waren hier Stammgäste, James Joyce soll hier „Ulisse" konzipiert haben. Heute ist es das Stammcafé des Schriftstellers Claudio Magris. Um es erhalten zu können, wurde es vor einigen Jahren zur Hälfte in eine Buchhandlung umgebaut, sodass nun Lesen und Kaffeetrinken in historischer Atmosphäre ermöglicht wird. Sehenswert ist das San Marco vor allem wegen seiner wunderschönen Dekorationen im Jugendstil. Die Wände zeigen Kaffeeblätter, die Tische stehen auf eisernen Löwenpfoten, ein Symbol der Irredentà.

Antico Caffè San Marco, Via Battisti 18
www.caffesanmarcotrieste.eu

Antico Caffè San Marco

Ein Abstecher in die **Via San Francesco d'Assisi 19** führt zu **Triests Synagoge,** die 1912 vom Architekten Ruggero Berlam und dessen Sohn erbaut wurde und als die größte Synagoge Europas gilt. Über die Via Cesare Battisti kommt man zurück zu der kleinen **Piazza San Giovanni** im Borgo Teresiano.

Hier steht die 1906 errichtete Statue von Giuseppe Verdi, die 1915 im Zuge antiitalienischer Demonstrationen von kaisertreuen Triestinern beschädigt und nach dem Ende des Ersten Weltkriegs, so sagt jedenfalls die Legende, mit der Bronze österreichischer Kanonen, wiederhergestellt wurde.

Zu einem besonderen Einkaufserlebnis lädt hier die **Drogheria Vittorio Toso** ein, eine der ältesten Drogerien der Stadt mit einer Originaleinrichtung aus dem Jahr 1906 (Piazza San Giovanni 6).

Tipp: Gleich angrenzend bietet die bekannte **„Gran Malabar"**, übrigens die Lieblingsbar des Krimiautors Veit Heinichen, besten Vino oder einen Espresso aus frisch gerösteten Bohnen (Piazza San Giovanni 6).

COLLE SAN GIUSTO (ALTSTADT)

Hügelaufwärts über die Via della Cattedrale

Der grüne Stadthügel von San Giusto bildet den **ältesten besiedelten Teil der Stadt,** was an seiner verwinkelten Struktur und den engen Gässchen leicht zu erkennen ist. Hier finden sich bauliche Überreste aus den verschiedensten Besiedlungsepochen der Stadt, vor allem aber aus der römischen Zeit.

16 TEATRO ROMANO

Direkt hinter der Piazza Unità, an der Via del Teatro Romano, etwas eingezwängt zwischen Hochhäusern viel späterer Zeiten, befindet sich das **römische Theater.** Es wurde gegen Ende des 1. Jahrhunderts n. Chr. erbaut und war sogar, da es damals direkt am Meeresufer lag, für Gladiatorenkämpfe und nachgestellte Seeschlachten ausgelegt. Es ist 65 Meter lang und fasste bis zu 6 000 Zuschauer. Einige wenige erhaltene Statuen, die das Theater schmückten, können im **Civico Museo di Storia ed Arte** an der Piazza della Cattedrale besichtigt werden. 568 von den Langobarden zerstört, blieb es – bis zu einem Stadtumbau im Jahr 1938 **auf Geheiß Mussolinis** – unentdeckt. Er ließ das römische Theater auf Kosten einiger Wohnhäuser, vor allem des jüdischen Viertels, freilegen und restaurieren. Heute dient das Theater im Sommer als **Veranstaltungsort für Konzerte oder Theaterstücke.**

17 SANTA MARIA MAGGIORE

Santa Maria Maggiore

Direkt neben dem Theater führt eine Treppe den San-Giusto-Hügel hinauf, die zur barocken **Jesuitenkirche Santa Maria Maggiore** führt. 1619 kamen die ersten Vertreter des Jesuitenordens nach Triest und bauten eine Schule und eine Kirche zu Ehren der Heiligen Muttergottes. Grundsteinlegung war am 10. Oktober 1627, doch durch fehlende Mittel und einen Brand konnten die Bauarbeiten erst 1817 fertiggestellt werden. Die Fassade wird dem **Jesuiten Andrea Pozzo** aus Trento (1642–1709) zugeschrieben, von der Innengestaltung nimmt man an, dass sie **Giacomo Briani** (1589–1649) aus Modena entworfen hat.

Unter der Kirche befinden sich die Katakomben, **Sotterranei dei Gesuiti,** die einen äußerst interessanten Einblick in die verborgene Unterwelt Triests bieten. Es gibt beispielsweise einen „Katzenstollen" oder einen „Seelenbrunnen" und manch andere Kuriosität.

Die Katakomben können Mittwoch und Freitag von 9 bis 11 Uhr oder nach Vereinbarung besichtigt werden.

Via del Collegio 6, 34121 Triest
Tel. +39 040 632920, www.santuariosantamariamaggiore.it

18 BASILICA SAN SILVESTRO

Gleich neben der Chiesa Santa Maria della Salute findet sich die kleine **romanische Basilica** San Silvestro, die Papst Silvester geweiht ist und aus dem 11. Jahrhundert stammt. Teile der Basilika, zum Beispiel der **Glockenturm,** sind sogar auf das 9. Jahrhundert datiert und machen die kleine Kirche zum **ältesten Sakralbau der Stadt.** Die Kirche wurde, der Legende nach, auf den Grundmauern des Wohnhauses der heiligen Thekla und der heiligen Eufemia errichtet, zwei Stadtheilige von Triest.

Ursprünglich katholisch und im Besitz der Jesuiten, wurde die Kirche nach einem Edikt von Kaiser Joseph II. 1784 zusammen mit anderen katholischen

Kirchen geschlossen und kurze Zeit später von der **„Helvetischen Gemeinde“** gekauft, die die Kirche gemeinsam mit der evangelisch reformierten **„Waldenser Gemeinde“** noch heute nutzt.

19 ARCO DI RICCARDO

Leicht rechts den San-Giusto-Hügel hinauf findet sich an der **Via Riccardo** ein weiteres römisches Erbe der Stadt, der Richardsbogen, Arco di Riccardo. Er stammt sehr wahrscheinlich aus dem 1. Jahrhundert n. Chr., ist 7,2 Meter hoch und 5,3 Meter breit und dürfte ein **Tor der römischen Stadtmauer** gewesen sein, das bis ins Mittelalter genutzt wurde. Heute ist der Bogen in das angrenzende Haus integriert, in dem sich das durchaus empfehlenswerte **Ristorante Arco Riccardo** befindet.

Richardsbogen mit Restaurant Arco Riccardo

Über die Via della Cattedrale hügelaufwärts erreicht man das Plateau des **Colle San Giusto** mit Kathedrale, Kastell und Forum Romanum, von dem man einen überwältigenden Blick über die ganze Stadt hat. Hier passiert man auch das **Civico Museo di Storia ed Arte,** ein Museum für Geschichte und Kunst und früherer Sitz des bischöflichen Seminars. Ebenfalls hier untergebracht ist das schon erwähnte kleine **Mausoleum für Johann Joachim Winckelmann,** der 1768 im Hotel Duchi d'Aosta ermordet wurde.

Civico Museo di Storia ed Arte e Orto Lapidario, Piazza Cattedrale 1, 34121 Trieste

20 SAN GIUSTO MARTIRE

Bereits im 1. Jahrhundert n. Chr. stand auf dem Hügel eine römische Basilika. Ihre Größe, 20 Meter breit und 100 Meter lang, spricht für eine damals schon recht ansehnliche Bevölkerungszahl. Der romanische Kirchenbau geht auf das 14. Jahrhundert zurück, ihr Standort wurde jedoch bereits in der Römerzeit für verschiedene weltliche und sakrale Bauten genutzt.

Die **heutige Kathedrale von Triest** wurde über einem römischen, vermutlich kapitolinischen, Tempel, erbaut, der **Jupiter, Juno und Minerva** geweiht war. Damit verbunden war das älteste Bauwerk des Plateaus, ein Propylon (Säulenvorhalle), erbaut etwa 80 n. Chr. Er war 17,2 Meter lang und 5,3

San Giusto Martire

Meter breit; seine Überreste sind im Glockenturm erhalten und noch deutlich sichtbar.

Die **Fassade** mit ihrer gotischen Fensterrosette aus weißem Karstmarmor besteht aus einfachem Sandstein. Zwischen 1334 und 1337 kam der heutige Glockenturm dazu, der um den bereits bestehenden romanischen Glockenturm herumgebaut wurde.

Interessant ist das Hauptportal der Kirche, das aus 3,30 Meter hohen Pfosten besteht, ein ehemaliges römisches Grabmal, das in zwei Hälften zersägt wurde. Auf jeder Seite sieht man drei Köpfe der Familie Barbi aus dem 1. Jahrhundert n. Chr. Der Heiligenschein und die **Hellebarde des heiligen Sergius** wurden nachträglich eingefügt und die alten Portalflügel aus Holz 1990 durch neue aus Bronze ersetzt.

In der Nische über dem seitlichen Tor des Glockenturms steht die Statue des Stadtheiligen San Giusto. Sein Kopf stammt aus dem 11. Jahrhundert und sein Körper aus dem 14. Jahrhundert. In der rechten Hand hält er die Märtyrerpalme, in der Linken eine symbolische Darstellung der Stadt Triest.

Der **Innenraum** der Kathedrale bietet Wandmosaike aus dem 13. Jahrhundert, ein hölzernes Mittelschiff in Form eines Schiffsrumpfs und einen großen, schmiedeeisernen Leuchter, der ursprünglich für den Thronsaal im Schloss Miramare bestimmt war und von Erzherzog Maximilian vor dessen Aufbruch nach Mexiko gestiftet wurde.

Links vom Glockenturm kommt man zum 1380 errichteten **Baptisterium San Giovanni** mit einem großen Taufbecken aus dem 9. Jahrhundert, das Johannes dem Täufer geweiht ist. Neben der Kathedrale steht die Kapelle **San Michele al Carnale,** die bis ins frühe 19. Jahrhundert als Friedhofskapelle diente. Vor der Kathedrale ragt eine Säule aus dem 16. Jahrhundert empor, die eine Kopie der Hellebarde des heiligen Sergius trägt.

Piazza della Cattedrale 2, 34121 Triest
Öffnungszeiten der Kathedrale:
Winter: Wochentag 7.30–12.30, 15.30–19 Uhr, Sonntag 8–13 Uhr, 15.30–20 Uhr
Sommer: Wochentag 7.30–19 Uhr, Sonntag 8–20 Uhr
Eintritt frei, www.sangiustomartire.it

21 CASTELLO DI SAN GIUSTO

Das Castello stammt aus dem 13. Jahrhundert und war ursprünglich eine **befestigte Bischofsresidenz.** 1468 begann Kaiser Friedrich III. mit Ausbauarbeiten, die 1630 vollendet wurden. Aus dieser ersten Bauphase sind nur noch wenige Originalelemente erhalten, darunter die **gotische Kapelle San Giorgio,** an deren Eingang das österreichische Kaiserwappen sowie der habsburgische Wahlspruch A.E.I.O.U. (u.a. gedeutet als „Alle Erde Ist Österreich Untertan") zu sehen sind. Aus dieser Zeit stammt auch die „Casa del Capitano", das Haus des Hauptmanns und Statthalters des Kaisers. Hier ist heute das **Waffenmuseum „Museo del Castello di San Giusto – Armeria"** untergebracht.

1508, als Triest für kurze Zeit wieder an Venedig fiel, wurde mit dem Bau der Rundbastion „Bastione Veneto" begonnen, die jedoch im darauffolgenden Jahr schon wieder von Österreich übernommen und fertiggestellt wurde. Zwei weitere Bollwerke, San Giusto und Lalio, entstanden zwischen 1553 und 1561, als man der Einführung des Schießpulvers Rechnung tragen musste; Architekt war Domenico dell'Alio. Der Hofmaler und Architekt Giovanni Pietro de Pomis vollendete schließlich zwischen 1615 und 1630 mit den beiden Bollwerken Bastione Pomis und Bastione Fiorito das Kastell.

Kastell San Giusto

Piazza della Cattedrale 3
www.castellodisangiustotrieste.it
Eintritt: 1–6 Euro (nur Kastell oder Museum)
Buslinien 10, 24 von der Piazza Unità bis zur Haltestelle San Giusto

22 FORUM ROMANUM UND GEFALLENEN-DENKMAL

Direkt neben der Kathedrale sieht man das **Foro Romano,** auf dem im 1. Jahrhundert der römische Tempel der Götter Jupiter, Juno und Minerva stand. Man nimmt an, dass sich hier der **Hauptplatz der damaligen römischen Siedlung** befand, da auch die frühere Hauptstraße, die vom Meer hinaufführte und ungefähr der heutigen **Via della Cattedrale** entsprach, hier endete.

Der Stadt zugewandt steht das **Monumento ai Caduti,** ein Gefallenendenkmal. Geschaffen von dem in Triest geborenen Attilio Selva (1888–1970), wurde es 1935 von König Vittorio Emanuele III. eingeweiht. Die Skulptur zeigt vier Soldaten, die einen sterbenden Kameraden in den Armen halten, und ruht auf einem Sockel aus istrischem Marmor, den Enrico del Nebbio realisiert hat. Die Inschrift „guerra di liberazione", Befreiungskrieg, steht für die Soldaten, die im Ersten Weltkrieg für ein italienisches Triest starben.

Von hier aus hat man einen atemberaubenden Blick über die Stadt und die Steinbänke auf dem Forum laden zu einer kleinen Pause ein.

Ein schöner Weg zurück in die Stadt führt die Via Capitolina hinab, entlang des **Parco della Rimembranza,** einem Park, der mit vielen Erinnerungssteinen an die Gefallenen der beiden Weltkriege gemahnt, über die eindrucksvolle **Scala dei Giganti,** der großen Freitreppe, die vom Triestiner Architekten Ruggero Berlam geplant und 1907 eröffnet wurde.

Man erreicht so die **Piazza Goldoni,** den früheren Marktplatz für Kohle und Brennholz, und kommt linker Hand zurück zur **Piazza della Borsa** und zur **Piazza dell'Unità d'Italia.**

Blick vom Colle San Giusto über die Stadt

QUARTIERE CAVANA UND BORGO GIUSEPPINO

Hält man sich von der Piazza Unità in **Richtung Via Pozzo del Mare,** beginnt das ehemalige Hafenviertel Triests, das durch seine Straßennamen wie Via del Pesce oder Via del Sale noch heute erzählt, was hier gehandelt wurde. Das Quartiere Cavana wurde früher als malfamato, als verrucht, angesehen und blieb lange von der Stadtverwaltung vernachlässigt, bis es vor einigen Jahren komplett renoviert wurde und heute eine **Gegend voller hipper Lokale und kleiner Hotels** ist. Das Cavanaviertel besticht weniger durch großartige Bauwerke als durch seinen besonderen Charme.

Auf der Piazza Cavana befindet sich neben schicken jungen Cafés auch die kleine traditionelle Kaffeerösterei **La Triestina.** Sie besteht seit 1948 und produziert nur 1 000 Kilo Kaffee pro Monat, die schön verpackt ein ideales Mitbringsel für zu Hause sind (Torrefazione La Triestina, Via Cavana 2.)

Weiter entlang der Via Cavana kommt man zur **Piazza Attilio Hortis,** benannt nach dem Triestiner Politiker und Irredentisten. Hier wartet, in Bronze, der 1861 in Triest geborene Schriftsteller **Italo Svevo** mit einem Buch in der Hand direkt vor der Stadtbibliothek.

23 EMEROTECA FULVIO TOMIZZA

Die **Stadtbibliothek** „Emeroteca Fulvio Tomizza" im 1817 von Pietro Nobile erbauten Palazzo Biserini war ursprünglich die von Maria Theresia gegründete „Akademie für Handelswissenschaften und Nautik". Heute beherbergt das Haus neben circa 400 000 Büchern historisches Kartenmaterial und eine Sammlung von Werken Francesco Petrarcas, dem Mitbegründer des italienischen Humanismus. Auch die ersten Statuten der Stadt aus den Jahren um 1318 werden hier verwahrt.

Piazza Attilio Hortis 4, 34123 Triest
Tel. +39 040 675 83 19, www.bibliotecacivicahortis.it

Tipp: In der Nähe, auf der Piazza Attilio Hortis 3, befindet sich eines der urigsten Triestiner Buffets – **„Da Siora Rosa"**, eine 1921 gegründete Trattoria, die traditionelle Gerichte auf den Tisch bringt. Absolut empfehlenswert, immer voll.

24
PIAZZA VENEZIA

Ein kleines Stück weiter liegt die Piazza Venezia, die im **Borgo Giuseppino,** der Josefsvorstadt, liegt, die nach **Joseph II.,** dem Sohn Maria Theresias benannt ist. Er ließ einige der unwirtschaftlichen Klöster Triests enteignen, um Platz für dieses neue Viertel zu schaffen. Die Bauarbeiten begannen 1788 und mehrere reiche Kaufleute bauten sich in diesem Stadtteil luxuriöse Villen.

In der Mitte der Piazza Venezia steht die über 9 Meter hohe **Bronzestatue Kaiser Maximilians von Mexiko,** dem Bruder Franz Josephs und Erbauer von Schloss Miramare. Sie wurde im Jahr 1875 im Auftrag des Barons Pasquale Revoltella vom Dresdner Bildhauer Johannes Schilling verwirklicht. Der Kaiser steht in seiner Admiralsuniform auf einem Sockel mit allegorischen Figuren, die sein Interesse an Wissenschaft und Kunst zeigen sollen. Viele Jahre stand die Statue im Park von Miramare, durfte aber 2009 wieder an ihren ursprünglichen Platz zurückkehren.

25
SALONE DEGLI INCANTI / EX PESCHERIA

Eines der letzten zur Zeit der k. u. k. Monarchie erbauten Gebäude in Triest ist der **ehemalige Fischmarkt** der Stadt, ein 1913 vom Architekten Giorgio Polli (1862–1942) entworfenes Jugendstilgebäude, an dessen **Fassade** noch die Meerestiere an seine ursprüngliche Bedeutung erinnern. Noch bis 1990 verkauften hier die Fischer ihren Fang, nach einer gelungenen Renovierung wird der „Salone degli Incanti" heute für **Ausstellungen und Messen** genutzt. Durch die hohen Rundbogenfenster und den Turm, die stark an eine Kirche erinnern, erhielt das Gebäude von den Triestinern auch den spöttischen Namen „Santa Maria del Guato", heilige Maria der Meeresgrundeln. Im hinteren Teil des Gebäudes ist das **Acquario Marino della Città di Trieste,** das Meeresaquarium, untergebracht.

Molo Pescheria 2, Riva Nazario Sauro 1, 34123 Triest
www.aquariomarinotrieste.it

Salone degli Incanti

PASQUALE REVOLTELLA, FINANCIER UND FEINGEIST

Das „Neue Wiener Tagblatt" vom 15. September 1869 bezeichnete Baron Pasquale Revoltella in seinem Nachruf als einen **„Triester Emporkömmling"** und traf damit die Stimmung der Zeit. Der Sohn eines einfachen Fleischhauers, geboren am 16. Juni 1795 in Venedig, hatte sich durch seinen unglaublichen sozialen Aufstieg und Geschäftssinn nicht nur Freunde geschaffen.

Baron Pasquale Revoltella 1855

Revoltella kam bereits im Kindesalter mit seinen Eltern in das damals boomende Triest. Pasquale erhielt eine einfache Schulbildung und musste schon in sehr jungen Jahren **in verschiedenen Handelsbetrieben der Stadt** im Lager anpacken, um sich etwas Geld zu verdienen. Als sich ihm 21-jährig die Chance bot, in das Handelshaus „Collioud et Compagnie" einzusteigen, griff er zu. Schon damals fiel Revoltella durch seinen Ehrgeiz auf, was den Miteigentümer des Handelshauses, Konsul Theodor Necker, veranlasste, ihm 1827 die Prokura zu verleihen. Revoltella bekam so erstmals **Zugang zu den höheren Wirtschafts- und Finanzkreisen** Triests und schuf sich ein einflussreiches Beziehungsnetzwerk und erste finanzielle Erfolge.

In den folgenden Jahren wurde Revoltella Mitglied in der angesehenen „Società del Casino vecchio", in der sich Triests Finanzelite traf. Er beteiligte sich an einer Versicherung für Handelsschiffe, aus der 1831 die **„Assicurazioni Generali"** hervorging, deren Aktionär Revoltella seit der ersten Stunde war. Nur zwei Jahre später gehörte er zu den Gründungsmitgliedern des **„Österreichischen Lloyd"**, der in den Folgejahren zu einem der erfolgreichsten Unternehmen der ganzen Monarchie aufsteigen sollte. Im Alter von 38 Jahren war Revoltella, dem eine imposante Statur und schöne Singstimme nachgesagt wurden, ein gemachter Mann. 1835 gründete er sein eigenes Handelsunternehmen mit einem überlieferten Startkapital von 30 000 Gulden, heute ungefähr eine halbe Million Euro. Ende der 1830er-Jahre war Revoltella Aufsichtsrat der „Generali Versicherung" und Mitglied der Direktion des „Österreichischen Lloyd".

Karl Ludwig von Bruck (1798–1860), Vorstand des Lloyd, wurde in dieser Zeit enger Vertrauter Revoltellas. Gemeinsam gehörten sie der konservativen und pro-

Civico Museo Revoltella

habsburgischen Stadtregierung an, in die Revoltella ab 1850 auch als **Stadtrat** gewählt wurde. In diesen Jahren arbeitete er unermüdlich für den **Ausbau des Hafens von Triest.**

Revoltella, der inzwischen das Ritterkreuz des Österreichisch-kaiserlichen Leopold-Ordens und den Adelsstand erhalten hatte, begann 1853/54 mit dem Bau seiner **Stadtresidenz** an der damaligen Piazza Giuseppina. Ebenso gab der feinsinnige Kunstsammler ein Sommerhaus am Stadtrand in Auftrag. Architekt war Friedrich Hitzig, der die Stadtresidenz schon unter dem Gesichtspunkt, sie später als **Museum** nutzen zu können, planen musste. Bei der Einweihung des Palazzos am 22. Februar 1859 war neben Triests Finanzelite Erzherzog Maximilian zugegen sowie Revoltellas Freunde Karl Ludwig von Bruck, inzwischen österreichischer Finanzminister, und Graf Ferdinand de Lesseps (1805–1894), mit dem Revoltella das Bauprojekt des Suezkanals vorantrieb.

Revoltella vertraute darauf, dass der Suezkanal Triest in das Zentrum des Orienthandels rücken würde und beteiligte sich mit 25 Millionen Gulden (heute circa 320 Millionen Euro) an der neu gegründeten **„Suezkanal-Gesellschaft“**, deren Vizepräsident er wurde. 1861 reiste er selbst nach Ägypten, um sich vom Baufortschritt des Kanals zu überzeugen. Für sein lebenslanges Engagement zugunsten des wirtschaftlichen Aufbaus Triests wurde Revoltella am 10. Mai 1867, 72-jährig, von Kaiser Franz Joseph in den **Freiherrenstand** erhoben, während sich die Wiener Gesellschaft und die Klatschpresse über den sozialen Aufstieg des Fleischhauersohnes den Mund zerriss.

Baron Pasquale Revoltella verstarb nach einer schweren Krankheit am 9. September 1869 im Alter von 74 Jahren, nur zwei Monate bevor der Suezkanal fertiggestellt und in Anwesenheit von Kaiser Franz Joseph feierlich eröffnet wurde. Er wurde in der kleinen Kapelle seiner Sommervilla an der Seite seiner Mutter bestattet.

So erfolgreich und öffentlich Revoltellas berufliche und politische Karriere war, über sein **Privatleben** ist wenig bekannt.

Ein großer Einschnitt in Revoltellas Leben war sicherlich der Freitod seines Freundes und Weggefährten Karl Ludwig Bruck, der sich am 22. April 1860 die Pulsadern an den Armen und am Hals aufschnitt. Ihm wurde persönliche Bereicherung an Staatsmitteln vorgeworfen, eine Unterstellung, die, wie sich nur kurz darauf herausstellte, völlig haltlos gewesen war. Das „Fremdenblatt" vom 21. September 1860 berichtete nach **Brucks Selbstmord** über die Verhaftung Revoltellas und Franz Richters, des Direktors der Creditanstalt, die beide zu den undurchsichtigen Geschäften bei Armeelieferungen befragt wurden. Das „Fremdenblatt" nannte Revoltella einen „Günstling und blinden Anhänger des Finanzministers Bruck" und zitierte Revoltella mit den angeblichen Worten: „Kinder, so reich ist kein Kaiser von Österreich, dass er einen Revoltella verurteilen lassen könnte!"

Trotz aller Neider war Revoltella einer der wichtigsten und einflussreichsten Bürger, die Triest hervorgebracht hat. Er **starb unverheiratet und kinderlos** und vermachte seine Sommervilla sowie sein Stadtpalais unter der Auflage, es als Museum der Öffentlichkeit zugänglich zu machen, der Gemeinde Triest. Eine Klausel des Testaments enthielt die Auflage, dass auch in Zukunft zeitgenössische Kunst angekauft werden sollte, wodurch das heutige Museo Revoltella nicht nur eine umfangreiche Sammlung aus dem 19. Jahrhundert, sondern auch Werke aus dem 20. und 21. Jahrhundert enthält. Das **Museo Revoltella – Galleria d'Arte Moderna,** zu dem heute auch die angrenzenden Palazzi Brunner und Basevi gehören, gilt als **eine der wichtigsten Sammlungen moderner Kunst** in ganz Italien. Spektakulär ist auch der Blick von der Dachterrasse, auf der im Sommer regelmäßig Jazzabende und andere kulturelle Veranstaltungen stattfinden.

Besonders beeindruckend ist der Besuch der **privaten Wohnräume Revoltellas,** die ebenfalls zugänglich sind. Neben den luxuriösen Wohnräumen sind sein Speisezimmer, der Ballsaal und seine Bibliothek zu sehen, die einen Eindruck der besonderen Persönlichkeit Revoltellas wiedergeben. Im Treppenhaus steht die wunderbare Marmorstatue „Il taglio dell'Istmo di Suez" von Pietro Magni.

Auch Revoltellas Sommervilla kann besichtigt werden und der 5 Hektar große Park dient als Erholungsgebiet für die Öffentlichkeit. Sein Nachlass wurde außerdem zur Gründung zahlreicher kultureller und sozialer Einrichtungen verwendet, die den Bürgern von Triest zugute kamen. Aus der 1877 gegründeten Handelsschule **„Scuola Superiore di Commercio"** ging später die Universität von Triest hervor.

- *Civico Museo Revoltella*
  Via Diaz 27, 34123 Triest
  Tel. +39 040 6754350/4158
  Geöffnet täglich außer Dienstag, 10–19 Uhr.
  www.museorevoltella.it
- *Sommervilla Baron Revoltella*
  Via Carlo de Marchesetti 37
  34139 Triest

Barcola mit Leuchtturm „Faro della Vittoria“

BARCOLA

Triest war zur k. u. k. Zeit nicht nur Handelsstadt, es hatte auch seine romantischen Ecken, wohin man sich zur **Sommerfrische** begab oder wo die reichen Geschäftsleute der Stadt ihre Villen bauten. Knapp 8 Kilometer in Richtung Grignano liegt der Vorort **Barcola,** bis ins 19. Jahrhundert ein einfaches Fischerdorf, in dem die Landbevölkerung ein karges und einigermaßen abgeschirmtes Leben führte. Sogar die Cholera, die im 19. Jahrhundert drei Mal in Triest wütete, kam nie bis hierher, was dem Ort den Ruf verlieh, über besonders gesunde Luft zu verfügen. Entlang der 1857 angelegten Viale Miramare wurden die ersten Villen gebaut, 1886 entstand in Barcola **das erste Strandbad,** das „Excelsior“.

Heute ist der Vorort Barcola eine **exklusive Wohngegend** mit schönen Villen, die sich die Straße und den Hang hinauf entlangziehen. Die **Viale Miramare** ist mit Restaurants und Cafés gesäumt und in der warmen Jahreszeit wird besonders das Stück um die Pineta die inoffizielle **Strandmeile Triests.** Ein Spaziergang hier ist zu jeder Jahreszeit reizvoll, denn man kann das Meer in vollen Zügen genießen und hat fast immer das märchenhafte Schloss Miramare im Blickfeld.

SCHLOSS MIRAMARE

Am Ende von Barcola, auf einem Felsen bei Grignano, erhebt sich **Schloss Miramare,** das „weiße Schloss in weißer Einsamkeit", wie es **Rainer Maria Rilke** nannte. Entdeckt hatte der damalige Marinekommandant **Erzherzog Ferdinand Maximilian** (1832–1867) den Ort, als er sich mit seinem Segelschiff, der „Santa Maria della Salute", vor einer aufziehenden Bora in den Hafen von Grignano retten musste. Bezaubert von der Schönheit dieses Ortes beschloss er, hier seinen Wohnsitz zu errichten.

Maximilian verwirklichte mit Miramare seinen Traum eines romantischen Schlosses am Meer. Errichtet wurde es in den Jahren 1855 bis 1860 von **Carl Junker** (1827–1882), der den Auftrag erst in der dritten Ausschreibung gewann, da sämtliche Entwürfe für Maximilian nicht repräsentativ genug waren.

Die Bauarbeiten gestalteten sich schwierig, umfangreiche Sprengungen waren nötig, um den Boden für das Fundament vorzubereiten, und Baumaterialen wie **Granit aus Tirol** oder **„Marmor" aus Istrien** mussten mühevoll herangeschafft werden. Gleichzeitig ließ der Erzherzog fruchtbare Erde aus der Steiermark und Kärnten nach Miramare bringen, da der felsige Boden keinerlei Erde zum Anlegen eines Parks hatte.

Erzherzog Maximilian mit Gemahlin Charlotte von Belgien 1857

Maximilian, der seine Finanzen nie wirklich im Griff hatte, musste nach drei Jahren Bauzeit aus Kostengründen auf ein ganzes Stockwerk verzichten, da sonst die Baukosten völlig aus dem Ruder gelaufen wären. Er lebte zu dieser Zeit als Generalgouverneur des Königreichs Lombardo Venetien größtenteils in Mailand, musste sich aber 1859, nach der Schlacht von Solferino, zurückziehen und bewohnte nun mit seiner Gemahlin Charlotte von Belgien (1840–1927) übergangsweise das Gartenhaus von Miramare. Erst zu Weihnachten 1860 konnte das Paar ins Schloss übersiedeln.

Bereits drei Jahre später nahm der ruhelose Erzherzog die Kaiserkrone von Mexiko an – und sollte sein Traumschloss nicht mehr wiedersehen. Er wurde am 19. Juni 1867 in Santiago de Querétaro erschossen. Die Repräsentationsräume im ersten Stock des Schlosses wurden überhaupt erst drei Jahre nach seinem Tod vollendet.

Charlotte von Belgien blieb vielen als die ehrgeizige und wahnsinnige Gemahlin Maximilians in Erinnerung. Tatsächlich war Charlotte eine hochintelligente Frau mit ausgezeichneter **naturwissenschaftlicher und philosophischer Bildung,** die sich in vier Sprachen unterhalten und exzellent Klavier spielen konnte. Charlotte war einst wegen ihrer unglaublich hohen Mitgift eine der besten Partien Europas gewesen. Mit ihrer Schwägerin Kaiserin Elisabeth stand sie oft in Konkurrenz, wobei sich Charlotte gern einen Spaß daraus machte, gegenüber Elisabeth mit ihrer Bildung zu glänzen. Tatsächlich hatte sie aber schon vor Maximilians Tod Anzeichen einer Geisteskrankheit gezeigt und wurde am 9. Oktober 1866 für „wahnsinnig" erklärt. Man brachte sie im Gartenhaus von Miramare unter und vernagelte die Fenster, um sie an der Flucht zu hindern. 1867 kehrte sie nach Belgien zurück, wo sie 1927 hochbetagt starb.

Schloss Miramare um 1900

Kaiser Maximilian wurde am 19. Juni 1867 in Mexiko erschossen und nach seinem Tod wurde das Schloss bis 1914 **Sommerresidenz der Habsburger.** Kaiser Franz Joseph war oft mit seiner Sisi da, die von hier aus mit ihrem Schiff „Miramar" nach Korfu oder Madeira aufbrach. Die Miramar fiel nach dem Ersten Weltkrieg an Italien und wurde 1920 abgewrackt. Ihre wunderschöne **hölzerne Innenvertäfelung** blieb allerdings in Teilen erhalten und gehört heute zur Inneneinrichtung des **Restaurants „Antica Carbonera"** in der Calle Bembo in Venedig.

Ein besonderer Festtag für das Schloss war auch der 22. März 1900, als **Stephanie von Belgien,** die Witwe Kronprinz Rudolfs, in der Schlosskapelle von Miramare den ungarischen Grafen Elemér Lónyay heiratete. 1929 wurde das Schloss für Besucher geöffnet und seit 1955 dient es als **Museum.**

Von Kaiserin Elisabeth ist überliefert, dass sie Miramare „Maxens schönstes Gedicht" nannte, „das seine von Sehnsucht nach Ruhm erfüllte Seele zeigte".

Neben Maximilian von Mexiko und der in Genf ermordeten Elisabeth hatten auch spätere Bewohner des Schlosses **kein einfaches Schicksal.** Franz Ferdinand und dessen Gattin Sophie, beide in Sarajewo ermordet, Amadeus Herzog von Aosta, der als Vizekönig von Äthiopien in Kriegsgefangenschaft starb, und schließlich der NSDAP-Gauleiter des Adriatischen Küstenlandes, Friedrich Rainer, der 1947 in Ljubljana hingerichtet wurde.

Auf der Terrasse von Schloss Miramare

Die **Fassade** des Schlosses, ein eklektizistischer Stilmix aus klassizistischen, gotischen und mittelalterlichen Elementen, besteht aus weißem istrischem Kalkstein. Besonders schön ist ein Rundgang auf der Terrasse rund um das Schloss, von der man einen herrlichen Blick auf den Park und das Meer genießen kann – wie auch auf dem Titelbild dieses Buchs zu erkennen ist.

Im Inneren beginnt die Besichtigung im Atrium und führt durch die Privaträume Maximilians im Erdgeschoß mit einer **überbordenden Inneneinrichtung,** die vom österreichischen Dekorateur Franz Hofmann und seinem Sohn Julius nach genauen Vorgaben des Erzherzogs angefertigt wurde. Die Möbel sind heute noch größtenteils original, die meisten Bilder hingegen aus konservatorischen Gründen Kopien.

Die Fregatte „Novara", das Admiralsschiff der k. u. k. Flotte, stand Pate für Maximilians **private Räume.** Sein Schlafzimmer ist einer Kajüte nachempfunden, das Arbeitszimmer einer Offiziersmesse. Neben dem Speisesaal sind auch Charlottes Privaträume, Schlafzimmer und Ankleideraum sowie die Schlosskapelle zu sehen.

Die Repräsentationsräume im ersten Stock wurden erst 1870 fertiggestellt und bestehen aus Stilelementen der Neorenaissance und des Neobarocks. Es gibt chinesische und japanische Salons, ein Schlafgemach mit Baldachinbett sowie einen 10 Meter hohen und 15 Meter langen Thronsaal, der mit Gemälden der Geschichte des Hauses Habsburg ausgestattet ist. Ebenso können die Appartements des Herzogs von Aosta besichtigt werden.

Für den **Park** des Schlosses zeichnete der böhmische **Botaniker Wilhelm Knechtel** (1837–1924) verantwortlich, der auch Maximilians Garten in seinem mexikanischen Wohnsitz Schloss Chapultepec geplant hatte. Angelegt wurde der 22 Hektar große Park auf Maximilians Wunsch zu einem Garten, „in dem Natur und Kunst eine harmonische Verbindung eingehen". So mischen sich **exotische Pflanzen mit typischer mediterraner Vegetation,** immer gruppiert um Aussichtspunkte, die zum Verweilen einladen. Die Parkpflege obliegt heute der Kommune von Triest, die sich bemüht, den Park auch mit beschränkten Geldmitteln in Schuss zu halten.

Im **Gartenhaus,** dem Castelletto, ist heute das **Besucherzentrum des Riserva Naturale Marina di Miramare** untergebracht (www.riservamarinamiramare.it).

Zum Schloss gehörte früher auch ein wenig bekannter kleiner Bahnhof, die **Stazione Miramare,** den man findet, wenn man von der Strada Costiera die Via Beirut hinauffährt. Der Bahnhof ist original erhalten und schön restauriert.

Stazione Miramare

TRIEST

Triest

TIPPS & ADRESSEN

Parken

Triests gesamte **Innenstadt ist Kurzparkzone** und Tickets bekommt man mit Kleingeld an den zahlreichen Automaten. Achtung: Einige Straßen des Zentrums sind Teil der verkehrsberuhigten Zone (beschildert mit *zona traffico limitato*).
Eine unberechtigte Durchfahrt kann ins Geld gehen! Zentral parkt man entlang der Rive und in der Parkgarage **Silos** an der Stadteinfahrt, Piazza della Libertà 9, oder **San Giusto** beim Amphitheater, Via del Teatro Romano 18.
Für Ausflüge, z. B. zur Barcola, nach Grignano oder Muggia, nutzen Sie am besten das Linienboot **Delfino Verde,** das am Molo dei Bersaglieri ablegt.

Infos unter: www.delfinoverde.it

Cafés & Restaurants

Triest bietet eine unglaubliche Vielfalt an Möglichkeiten, sich dem lukullischen Genuss hinzugeben. Geschichtsträchtige Kaffeehäuser, traditionelle Buffets, chice Restaurants – jeder wird fündig werden. Hier einige persönliche Lieblingsplätze als Orte des Genusses:

26 Eataly

An der Riva Tommaso Gulli liegt das hippe Feinkostgeschäft mit Café und Restaurants, das in einem renovierten ehemaligen Weinlager untergebracht ist. Wer hochqualitative kulinarische Geschenke sucht, sollte hier einen Blick hineinwerfen. Bei sensationellem Hafenrundblick kann man von Kaffee bis Pizza und Steaks alles genießen.

Riva Tommaso Gulli 1, 34123 Triest
www.eataly.net

27 Caffè Tommaseo

Das Tommaseo wurde 1830 als erstes Kaffeehaus der Stadt eröffnet. Seine Inneneinrichtung mit Spiegeln, Stuck und Thonet-Möbeln ist noch weitgehend original erhalten und versprüht den Charme eines Wiener Kaffeehauses. Das Tommaseo war außerdem das erste Café in Triest, in dem Speiseeis serviert wurde!

Piazza Tommaseo 4c, 34122 Triest
www.caffetommaseo.it

28 Buffet da Pepi

Ein spezielles, typisches Buffet-Restaurant, das gekochte Fleischteile von der Stelze bis zum Schinken (mit Kren und Sauerkraut) auf dem Teller oder im Panino serviert. Eine wahre Triestiner Institution, eröffnet 1897, die man erlebt haben sollte.

Via Cassa di Risparmio 3
34121 Triest
www.buffetdapepi.it

29 Trattoria al Faro

Etwas außerhalb des Zentrums, aber dafür mit grandiosem Blick über die Bucht von Triest und direkt neben dem bekannten Leuchtturm der Stadt, dem Faro della Vittoria, gelegen. Kreative Fischküche, gute Pasta und ein schönes Ambiente, im Sommer mit Gastgarten.

Scala Giuseppe Sforzi 2, 34136 Triest
www.trattoriaalfaro.it

Hotel

30 Albero Nascosto

Sehr schönes Boutiquehotel im Cavanaviertel. Hilfsbereite und äußerst freundliche Angestellte und ein super Parkservice! Preis pro Nacht, je nach Saison, circa 90 Euro.

Via Felice Venezian 18, 34124 Triest
Tel. +39 040 300188
www.alberonascosto.it

31 Victoria Hotel Letterario

Liebevoll und mit viel Stil eingerichtetes Viersternehotel mit kleinem Fitnesscenter und Spa. Üppiges Frühstücksbuffet, geschmackvolle Aufenthaltsräume, Parkgarage. Doppelzimmer circa 100 Euro.

Via Alfredo Oriani 2, 34100 Triest
Tel. +39 040 362415
www.hotelvictoriatrieste.com

13
Leuchtturm
PUNTA
19
14
Verdijeva ulica
9–11
Domkirche St. Georg
Ulica IX. korpusa
24–25
Zelen-
javni trg
18
1–8
21
Tartini-
platz
12
Stadtmaue
23
15
Cankarjevo nabrežje
17
22
Dantejeva ulica
20
200 m
16

Piran

DIE AUF SALZ GEWACHSENE STADT

Einwohner: **3 872 (2017)**
Größe: **44,6 km²**
Lage: **Knapp 40 km von Triest entfernt in der Region Obalno-kraška. Zu erreichen von Triest über die SS 202, die H5, H6 und die Straße 111 in Slowenien.**
Koordinaten: **45° 31′ 34″ N, 13° 34′ 13″ O**
Sprachen: **Slowenisch und Italienisch**
Information: **Turistično informacijski center Piran, Tartinijev trg 2, 6330 Piran, Tel. +386 5 673 44 40, www.portoroz.si/de/portoroz-und-piran**

Das Städtchen Piran, am circa 46 Kilometer langen slowenischen Küstenabschnitt Istriens gelegen, zählt zu den beliebtesten Nahdestinationen an der Oberen Adria. Ähnlich wie Grado versprüht es einen unvergleichlichen Charme, der sich wohl aus seiner reichhaltigen Vergangenheit ergibt. Die venezianischen Spuren in der Altstadt und insbesondere am malerischen Campanile der St.-Georgs-Kirche auf dem Stadthügel sind hier unverkennbar. Rund um das Zentrum schmiegen sich die Stadtstrände und zahlreiche Lokale mit bester Aussicht. Flanieren lässt es sich überall, am Meer entlang, durch die engen Gässchen, hinauf in die Hügel hinter der Stadt.

Zu Reichtum und Ansehen gelangte die Stadt vor allem durch den Handel mit dem Salz der Salinen, die erst von den Venezianern und später von den Österreichern ausgebaut und bewirtschaftet wurden – und heute als Naturpark und aktive Salzproduktionsstätte besucht werden können. Im Nachbarort Portorož hingegen nutzte man die Heilkräfte des Salzes ab Mitte des 19. Jahrhunderts zum Aufbau eines eleganten Kurbetriebes, dessen eindrucksvoller Zeitzeuge das „Kempinski Palace Hotel“ ist.

PIRANS GESCHICHTE

In den Jahren 178/177 v. Chr., als die Römer die Halbinsel Istrien kolonialisierten, war die Region um Piran mit nur wenigen bäuerlichen Höfen, den **„Villae Rusticae“**, besiedelt, die zur Produktion von Lebensmitteln und Fleisch dienten. Bedeutung erlangte die Stadt erst im frühen 5. Jahrhundert, als genau wie um Grado auch hier die Menschen auf der Suche nach **Schutz vor den zentralasiatischen Reiterstämmen** in die Nähe der Küsten flüchteten. Unter byzantinischer Herrschaft, im 7. Jahrhundert, entstand auf dem ältesten Teil von Piran, der Punta, eine befestigte Siedlung zum Schutz vor den eindringenden Awaren. Bereits im 10. Jahrhundert griff Venedigs langer Arm nach Istrien. Piran fiel 933 unter den vertraglich geregelten **Schutz der Handelsmacht.** In der zweiten Hälfte des 13. Jahrhunderts begann Venedig mit der Eroberung Istriens und besetzte **Koper, Izola** und 1283 auch **Piran.** Unter venezianischer Herrschaft blühte Piran auf, viele venezianische Bauwerke entstanden in dieser Zeit. Durch die Salinen, die Fischerei und vielerlei andere Gewerbe florierte der Handel und brachte zunehmend **Wohlstand in die Stadt.**

Ab 1530 begann sich der **Protestantismus** mit seinen humanistischen Ideen in Istrien zu verbreiten und die ungleiche Verteilung des Reichtums und der politischen Macht führte auch hier zu Unruhen zwischen Adel und Volk. Zwei Jahrhunderte lang, bis ins 17. Jahrhundert hinein, gab es immer wieder **Aufstände in der Bevölkerung,** bis schließlich eine Vertretung im „Großen Rat" der Stadt und die Kontrolle über die Gemeindefinanzen erkämpft war. In diese Zeit fällt auch die Geburt des großen Sohns der Stadt, des Musikers **Giuseppe Tartini.**

1797 kamen die **Habsburger nach Piran** und mit ihnen eine neue wirtschaftliche Blütezeit, die in erster Linie der Salzproduktion zu verdanken war. In diesen Jahren konnten die **Salinen von Sečovlje** zu einer Jahresproduktion von 40 000 Tonnen Salz gebracht werden, dazu kamen 1893 und 1894 die wichtigsten städtebaulichen Veränderungen in der Stadt: Der alte Fischerhafen wurde zugeschüttet, **der Tartiniplatz und ein neuer Hafen,** der größere Schiffe aufnehmen konnte, entstand. Die Anbindung an die Strecke der Südbahn und die **Schmalspurbahn Parenzana** taten ihr Übriges zum Aufschwung der Region.

Nach dem Ende der k. u. k. Monarchie fiel Piran mit dem **Friedensvertrag von Rapallo** an Italien, nach dem Zweiten Weltkrieg kam es zunächst unter das „Freie Territorium Triest", das 1954 durch das „Londoner Memorandum" zwischen Italien und Jugoslawien aufgeteilt wurde. 1991 erkämpfte sich Slowenien im Zuge der Jugoslawienkriege den Status als eigene Republik und wurde 2004 Mitglied der Europäischen Union. Beachtenswert ist, dass Slowenien als erstes Land der Welt zur „Green Destination" ernannt wurde, ein Prädikat für besonders nachhaltige Tourismuswirtschaft.

Piran ist heute eine lebendige Stadt, die eine unglaubliche Dichte an Ausstellungen, Konzerten und Veranstaltungen bietet. Es gibt eine kreative Restaurantszene, die von „jungen wilden“ Köchen dominiert wird - und besonders die traditionellen Gerichte mit dem Salz von Sečovlje sind eine Versuchung wert. Das nahe Portorož bietet eine Fülle an Wellnessmöglichkeiten, die den Aufenthalt gebührend abrunden. Piran ist offiziell zweisprachig – Slowenisch und Italienisch – und gehört zum historischen Gebiet „Primorska“, des Küstenlandes.

FLANIEREN DURCH PIRAN

VOM TARTINIPLATZ ZUR ST.-GEORGS-DOMKIRCHE

Pirans Innenstadt ist autofrei, aber auch so klein, dass alles mit einem kurzen Spaziergang zu erreichen ist. Wenn Sie mit dem Auto anreisen, nutzen Sie am besten das **Parkhaus Fornače** (Fornače 23), das sich circa einen Kilometer außerhalb des Zentrums befindet. Nicht ganz billig, dafür gibt einen kostenlosen Shuttlebus zum Tartiniplatz und retour.

1 PIAZZA TARTINI/ TARTINIJEV TRG

Der Tartiniplatz mit seinen bunten Gebäuden und Cafés ist das **Herz Pirans.** Benannt nach dem in Piran geborenen **Geiger und Komponisten Giuseppe Tartini** (1692–1770), den die Stadt zu seinem 200. Geburtstag mit einer Statue ehrte.

Wo früher das alte Hafenbecken war, entstanden unter österreichischer Herrschaft **der neue Hauptplatz und ein größerer Hafen,** da sich der Handel mit dem Salz Pirans so gut entwickelt hatte, dass immer mehr Schiffsverkehr herrschte. Davor hatte Piran in erster Linie als Ausweichhafen für Triest gedient, wenn dort der Andrang an Handelsschiffen zu groß wurde. Auch die **Passagierlinien von Triest nach Pula** hielten hier, die ab Mitte des 19. Jahrhunderts die ersten Kurgäste in die Region brachten. Die Umbauarbeiten begannen 1893 mit der Verlängerung der äußeren Mole und mit der Errichtung von zwei kleineren Molen im Inneren des neuen Hafens, 1894 wurde der alte Fischerhafen zugeschüttet.

Tartiniplatz

1988/89, zum 300. Geburtstag Giuseppe Tartinis, bekam der Platz sein heutiges Gesicht: Der 1940 in Belgrad geborene **Architekt Boris Podrecca** erhielt den Auftrag für die Umgestaltung. Und so erinnert der Tartiniplatz mit der **leicht gewölbten Ellipse** an den alten Fischerhafen, der sich an dieser Stelle befand. Ein „geometrisches Passepartout" umrahmt den Platz dort, wo früher noch Autos fuhren.

Die zwei Fahnenstangen mit ihren steinernen Pfosten stammen aus dem Jahr 1466, auf dem linken ist der **heilige Georg, der Drachentöter** und Schutzpatron der Stadt zu sehen, auf dem rechten der **Markuslöwe,** der mit dem Spruch „Seht den geflügelten Löwen, wie er nach Land, Meer und den Sternen greift" an die venezianische Herrschaft über Piran erinnert.

Unübersehbar thront die **Statue Giuseppe Tartinis** auf dem Platz. Sie stammt vom venezianischen **Bildhauer Antonio dal Zotto** (1841–1918) und wurde 1896 nach der Fertigstellung des Platzes aufgestellt. Sie zeigt den berühmten Geiger überlebensgroß in einer Verbeugung vor seinem Publikum, die Geige in der linken, den Bogen in der rechten Hand.

GIUSEPPE TARTINI UND SEIN TEUFEL

Giuseppe Tartini wurde am 8. April 1692 als Sohn eines Florentiners in eine der ältesten Familien Pirans hineingeboren. Sein Vater, Direktor einer Salzmühle, war wohlhabend genug, dem jungen Giuseppe **eine erstklassige Ausbildung** zu ermöglichen. Er besuchte das Oratorium der Philippiner, in dem er sich den Geisteswissenschaften, der Rhetorik und der Musik widmen konnte, und die berühmte „Accademia dei virtuosi" in Piran.

Danach studierte er an der **juristischen Fakultät in Padua** und wurde aber nicht, wie sein Vater es gewünscht hätte, Geistlicher. Im Gegenteil, die meiste Zeit seines Studiums verbrachte er beim Fechtunterricht, und am 29. Juli 1710 heiratete er die um zwei Jahre ältere **Elisabetta Premazore,** die Nichte des Bischofs von Padua. Was ihm des Vaters Zorn und Ärger mit der örtlichen Geistlichkeit einbrachte, woraufhin das junge Paar Padua fluchtartig verlassen musste. Für drei Jahre fanden sie Aufnahme im **Kloster San Francesco in Assisi** und in dieser Zeit widmete sich Tartini intensiv dem **Geigenstudium,** dem Komponieren und der Erforschung akustischer Gesetzmäßigkeiten. 1714 verließ er das Kloster und betätigte sich als **Orchester- und Theatermusiker** in Assisi und Ancona. 1721 erhielt er die Stelle des Konzertmeisters und der **Ersten Geige** des Orchesters der Basilika des heiligen Antonius in Padua. Von 1723 bis 1725 lebte Tartini in **Prag,** wo er auch die Krönung Karls VI. erlebte.

Auf dem Höhepunkt seiner Schaffenskraft übernahm er die Leitung der Domkapelle in Padua und gründete 1728 die **berühmte Musikschule „Scuola delle Nazioni",** die Schüler aus ganz Europa anzog und Tartini den Beinahmen „maestro delle nazioni" einbrachte. Viele berühmte Geiger des 18. Jahrhunderts stammen aus **Tartinis Schmiede,** darunter Namen wie Gaetano Pugnani oder Pietro Nardini.

Nach dem Tod seiner Frau lebte Tartini mit dem Cellisten Antonio Vandini, den er aus Prag kannte, in einer gemeinsamen Wohnung und starb am 26. Februar 1770 78-jährig in Padua. Er hinterließ ein beeindruckendes **Werk von 100 Violinsonaten** und fast **150 vier- und fünfstimmigen Konzerten.** Tartini war zeitlebens berühmt für seine **besondere Bogenführung.** Die von ihm erforschten **Differenztöne,** die bei Doppelgriffen auf der Geige durch Überlagerung entstehen, wurden später nach ihm benannt. Sein wichtigstes Werk, die Sonate **„Teufelstriller",** entstand, so sagt zumindest die Legende, als Tartini der Teufel im Schlaf erschien und ihm das Musikstück auf der Geige vorspielte. Tartini notierte sich am nächsten Morgen die Noten und schuf so sein berühmtestes Werk und eine der bis heute anspruchsvollsten europäischen Kompositionen für Violine.

2 GERICHTSGEBÄUDE /SODNA PALAČA

Gerichtsgebäude mit altem Stadttor

Das erste Gebäude, das mit seinem Säulengang an den Eingang des Platzes grenzt, ist der Gerichtspalast. Er wurde im 19. Jahrhundert erbaut und erhielt sein heutiges Aussehen von den Architekten **Giuseppe Moso und Enrico Nordio** in den Jahren 1885 bis 1891. Im 14. Jahrhundert befand sich hier ein Getreidelager, das im 16. Jahrhundert zu einem Pfandhaus umfunktioniert wurde.

Der Bogengang, der wirkt, als gehöre er zum Gebäude, ist ein **altes Stadttor,** das frühere St.-Georgs-Tor, durch das man die Stadt betrat. Es wurde 1660 erneuert und später in den Neubau des Gerichtsgebäudes integriert.

Tartinijev trg 1, 6330 Piran

3 GEMEINDE/ OBČINSKA PALAČA

Das aufwendig gestaltete Gemeindegebäude Pirans mit seiner Säulenfront im Stil der Neorenaissance wurde 1879 vom Triestiner Architekten Giovanni Righetti erbaut. Früher stand an dieser Stelle die von den Venezianern erbaute **Stadtverwaltung,** die noch am alten Fischerhafen lag. Der Neubau zollt seinem Vorgänger durch den **venezianischen Löwen** Respekt, der zwischen den Säulen in der obersten Etage angebracht wurde. Der steinerne Löwe war **auf allen wichtigen Verwaltungsgebäuden der Serenissima** angebracht und an dem Buch, das der Löwe unter seinen Pfoten hat, konnte man ablesen, ob sich die Venezianer gerade im Krieg oder in einer Zeit des Friedens befanden. Ein geöffnetes Buch bedeutete Frieden, ein geschlossenes Krieg. Das Gebäude wurde demnach in Friedenszeiten erbaut. Im Atrium sind Wappen aus dem alten venezianischen Bau zu sehen und ein Stein, der venezianische Maßeinheiten zeigt. Heute wie damals ist hier die Stadtverwaltung untergebracht.

Tartinijev trg 2, 6330 Piran
Besichtigung nur gegen Voranmeldung im „Seefahrtsmuseum Sergej Mašera“
Tel. +386 5 671 0040, www.pomorskimuzej.si

4

STADTGALERIE/ MESTNA GALERIJA

Das nächste Gebäude im Uhrzeigersinn am Platz beherbergt die Stadtgalerie. Man erkennt sie am halbrunden Dachstuhl, eine neue Konstruktion aus dem Jahr 2012. Unter venezianischer Herrschaft stand hier die **„Loggia"**, der damalige Gemeinderat, der auch die Geldmittel der Stadt verwaltete, wie in den Satzungen des Jahres 1384 belegt ist. Seine heutige Gestalt hat das Gebäude seit dem Jahr 1820, es wurde aber 2010 vom schon erwähnten Architekten **Boris Podrecca** zur Stadtgalerie umgebaut.

Tartinijev trg 3, 6330 Piran

5

VENEZIANERHAUS/ BENEČANKA

Durch seine venezianisch-gotische Architektur sticht das Venezianerhaus gleich ins Auge. Es wurde Mitte des 15. Jahrhunderts erbaut und ist das **älteste erhaltene Haus** am Platz. Auffällig sind der **gotische Eckbalkon** und die schönen **Fensterverzierungen aus Stein.** Aber noch schöner ist die romantische Legende, die dieses Haus begleitet:

Bauherr des Hauses war ein **reicher venezianischer Kaufmann,** der nach Piran kam, um seinen Geschäften nachzugehen. Während er am Hafen das Be- und Entladen seiner Schiffe beaufsichtigte, fiel ihm eine **schöne Piranerin** auf und die beiden verliebten sich ineinander. Von nun an kehrte er oft nach Piran zurück, brachte ihr großzügige Geschenke und baute ihr schließlich dieses wunderschöne Haus direkt am Hafen. So viel **Glück und Reichtum** brachte natürlich die Neider auf den Plan – und um allen zu zeigen, dass man sich vom Geschwätz in der Stadt nicht beeindrucken ließ, brachte das verliebte Paar eine Steinplatte mit einem stehenden Löwen und dem Spruch **„Lasa pur dir"**, „Lass sie nur reden", an ihrem Haus an.

Das Venezianerhaus kann in den Sommermonaten besichtigt werden und vermietet zwei Gästezimmer.

Ulica IX. korpusa 2, 6330 Piran
Geöffnet: Mai bis Oktober, Donnerstag bis Sonntag, 10–13 Uhr
www.benecanka.si

Venezianerhaus

6
GEBURTSHAUS VON GIUSEPPE TARTINI/ TARTINIJEVA HIŠA

Geburtshaus Giuseppe Tartini

Tartinis Geburtshaus wird in den Stadturkunden erstmals 1384 unter dem Namen **„Casa Pizagrua"** erwähnt. Es ist eines der ältesten Häuser am Platz und die früher gotische Fassade wurde im 19. Jahrhundert neoklassizistisch umgestaltet. Die letzte Renovierung, bei der auch interessante Wandmalereien im Inneren entdeckt wurden, bekam das Haus in den Jahren 1985 bis 1991.

Heute ist es der Sitz der „Gemeinschaft der Italiener" und wird als **Veranstaltungsort für Künstlerevents** genutzt. Im ersten Stock befindet sich ein **Gedenkraum** für den virtuosen Geiger mit Ausstellungsstücken, die der Meister seiner Familie vermachte. Gezeigt werden neben Porträts von Tartini auch eine seiner originalen Geigen und handschriftliche Dokumente – darunter das Highlight, ein Brief an seine Schülerin Maddalena Lombardini, in dem er ihr die Regeln der Bogentechnik erklärt.

Tartinijev trg 8, 6330 Piran, Tel. + 386 5 671 00 40
Geöffnet: Juni bis August, 9–12 und 18–21 Uhr,
September bis Mai, 11–12 und 17–18 Uhr

7
PETERSKIRCHE/ CERKEV SVETEGA PETRA

Die auf dem Platz zentral angeordnete Kirche wurde 1272 erbaut und ist eine der ältesten Kirchen Pirans. Früher lag sie außerhalb der Stadtmauer. Ihre heutige klassizistische Fassade erhielt sie 1818 vom **Architekten Pietro Nobile.** Oberhalb des Eingangsportals befindet sich ein Steinrelief des Bildhauers Antonio Boso, das die Schlüsselübergabe zum Himmelstor an den Apostel Petrus darstellt. Die Peterskirche kann, wie fast alle Kirchen in Piran, nur zu den Messezeiten besichtigt werden.

8
BAROCKHAUS/ BAROČNA HIŠA

Am östlichen Ende des Platzes steht das mit seinen drei halbkreisförmigen Bögen architektonisch interessante **Barockhaus,** dessen Frontseite sich vom Platz abwendet. Ursprünglich stammt es aus dem Mittelalter und wurde zur Zeit des Barock umgebaut.

Tartinijev trg 10, 6330 Piran

Von hier lohnt sich der **Aufstieg** durch eine der vielen kleinen Gassen der Altstadt, zum Beispiel über die **Ulica IX. korpusa,** auf den **Stadthügel** der zur St.-Georgs-Domkirche und zur Stadtmauer führt, von der man einen atemberaubenden Blick über die ganze Stadt und den Tartiniplatz hat.

9

ST.-GEORGS-DOMKIRCHE/ ŽUPNIJSKA CERKEV SVETEGA JURIJA

Die „Domkirche des heiligen Georg" thront weithin sichtbar über der Stadt. An ihrer Stelle stand, wie Funde beweisen, bereits **in der Antike ein Tempel** oder eine Art Verteidigungsanlage. Die erste christliche Kirche wurde im 6. oder 7. Jahrhundert hier errichtet. Die Pfarrkirche ist seit 933 durch historische Quellen belegt und war ursprünglich, so wird vermutet, dem **heiligen Maximilian** geweiht.

Im 14. Jahrhundert wurde die romanische Kirche ausgebaut, die 1344 am Georgstag, dem 23. April, von neun Bischöfen geweiht wurde. Um die **Namensgebung der Kirche** rankt sich die **Legende** zweier Fischer, die in der Nacht vom 20. zum 21. Juli 1343 während eines schrecklichen Sturmes den heiligen Georg sahen, wie er auf einem weißen Pferd durch den Himmel ritt und die Wolken teilte. Er rettete so die Stadt vor einer Unwetterkatastrophe und die Bewohner dankten ihm, indem sie ihm ihre Stadtkirche weihten.

Ihr heutiges Aussehen bekam die Kirche nach einer umfassenden Renovierung im Jahr 1637 nach Entwürfen des **Architekten Andrea Palladio** (1508–1580). Zu jener Zeit wurde auch die hölzerne Kassettendecke eingebaut. 1608 kam der Turm hinzu und 1650 das Baptisterium. In diesen Jahren wurde auch der ganze Hügel mit einer **Befestigungsmauer** umgeben und zur Seeseite mit Steingewölben, deren Bau bis 1804 dauerte, umgeben.

Der Hochaltar der St.-Georgs-Kirche wurde 1778 vom Steinmetzmeister Gasparo Albertini geschaffen, insgesamt gibt es sieben Altäre, die aus der Mitte des 18. Jahrhunderts stammen.

In der halbkreisförmigen **Apsis** mit dem blauen Sternenhimmel hängen drei Gemälde aus dem 17. Jahrhundert – „Die Messe in Bolsena" und „Das Wunder von St. Georg" von Angelo de Coster sowie „Das Martyrium des heiligen Georg" von Giovanni Pagliarini.

Auf der rechten Seite des Presbyteriums hängt seit 2009 der aus dem 14. Jahrhundert stammende **„Gekreuzigte aus Piran",** mit der auffälligen Y-Form des Kreuzes. Die vergoldete Plastik aus 1677 an der linken Seite

Ein Panorama, das immer wieder bezaubert: Piran mit Tartiniplatz, St.-Georgs-Kirche und Punta.

des Kirchenschiffes schuf Giovanni Maria Gasparini. Die Domorgel wurde 1746 vom venezianischen Orgelbaumeister und Franziskanermönch Pietro Nacchini angefertigt; die Orgelpfeifen mussten im Ersten Weltkrieg für die Produktion von Waffen herhalten. Gegen Ende des 19. Jahrhunderts leitete der **Triestiner Architekt Giovanni Righetti** die letzte große Renovierung der Kirche und gab ihr den architektonischen Anstrich des Historismus.

Seit August 2005 ist die Kirche nach umfangreichen Restaurierungsarbeiten wieder geöffnet und sie ist Pirans einzige Kirche, die auch **außerhalb der Gottesdienste** betreten werden kann. St. Georg ist auch Veranstaltungsort für das Mitte August bis Mitte September stattfindende **„Tartinifestival“.**

Die Besichtigung der Kirche ist nur über das Pfarrmuseum möglich.

Ganzjährig geöffnet, dienstags und samstags geschlossen,
10–16 Uhr, sonntags bis 18 Uhr.
Via Primož Trubar 18a, 6330 Piran
Tel. +386 5 673 34 40, www.tartinifestival.org

10 GLOCKENTURM / ZVONIK CERKVE SVETEGA JURIJA

Der Glockenturm stammt aus dem 14. Jahrhundert und ist eine kleinere Kopie des berühmten Campanile am Markusplatz in Venedig. Er wurde von Baumeister Hierolemo Matabon sowie dem venezianischen Steinmetz Bonfante Torre errichtet, die für die schlichte Fassade weißen und grauen Stein verwendeten. Wenn Sie sich fit genug für

knapp 150 Stufen fühlen, dann besteigen Sie den 46 Meter hohen Glockenturm. Der **Ausblick** von der Balustrade auf Höhe der Glocken, von denen eine aus dem 15. Jahrhundert stammt, entschädigt für die kleine Mühe ...

Auf der Spitze des Turms wacht der **Erzengel Michael** über die Stadt. Er dreht sich mit dem Wind, und wenn er direkt auf die Stadt hinunterblickte, verriet er den Bewohnern (und vor allem Seefahrern) früherer Tage, dass es besser war, sich ins Haus zurückzuziehen und besseres Wetter abzuwarten.

Eintritt 1 Euro, geöffnet April bis November täglich 10–18 Uhr.

11 BAPTISTERIUM/ KRSTILNICA

Die **achteckige Taufkapelle** wurde 1650 erbaut, ihre Grundmauern stammen aber bereits aus dem 7. und 8. Jahrhundert. Beachtenswert ist die kleine barocke Kuppel auf dem Dach. Ein umgearbeiteter römischer Sarkophag aus dem frühen 2. Jahrhundert mit einem Delfinrelief dient als Taufbecken, der Altar ist Johannes dem Täufer gewidmet und stammt von einem venezianischen Maler um 1693. In der Vorweihnachtszeit ist das Baptisterium eine Station der **Krippenausstellung,** im Sommer wird der weitläufige Garten des Areals für **kulturelle Events** genutzt.

St. Georg: Glockenturm mit Taufkapelle

12 STADTMAUER/ MESTNO OBZIDJE

Ein Stück weiter die **Ulica IX. korpusa** hinauf findet sich das in den 1970er-Jahren restaurierte, circa 100 Meter lange **Teilstück der alten Stadtmauer,** von der man einen fantastischen Rundblick über die Stadt und das Meer genießen kann. Errichtet wurde die Stadtmauer mit ursprünglich acht **Verteidigungstürmen,** von denen sieben noch erhalten sind, in den Jahren 1470 bis 1534. Interessant ist neben der enormen Höhe der Mauer auch ihre nach außen abgeschrägte Form, die die Widerstandsfähigkeit erhöhen sollte. Wie die meisten Verteidigungsanlagen musste sich auch die Piraner Stadtmauer immer wieder an die moderner werdenden mittelalterlichen Kampfmethoden anpassen. Nach dem Einzug des Schwarzpulvers in die Kriegsführung wurde sie zu Beginn des 16. Jahrhunderts verstärkt und es kamen Verteidigungszinnen hinzu.

Eintritt 2 Euro, täglich geöffnet bis Sonnenuntergang.
Bei der Stadtmauer gibt es auch einen Parkplatz, für alle, die lieber von oben den Weg zur Mauer und zur Kirche antreten.
Ulica IX. korpusa, 6330 Piran

Ein schöner Weg zurück zum Tartiniplatz führt über die breiten antiken Stufen der **Rozmanova ulica,** die auch an den beiden noch erhaltenen gotischen Stadttoren vorbeiführt, die um 1470 gleichzeitig mit der Stadtmauer entstanden sind.

PUNTA

Die „Punta“, also die markante Landzunge mit dem **Muggia-Tor** und der **St.-Klemens-Kirche,** ist der älteste Stadtteil von Piran, der im 7. Jahrhundert aus einer Art Festung entstand, die einst zum **Schutz vor dem Reitervolk der Awaren** errichtet wurde. Bereits in der Antike brannte hier ein Feuer, um Seefahrer vor der Landzunge zu warnen. Dieses Feuer, altgriechisch „Pyr“, soll auch der **Namensgeber** für die Siedlung „Pyranon“ gewesen sein, die sich in der Antike hier befand und aus der sich später der Name Piran entwickelte.

Der 10,5 Meter hohe, neogotische **Leuchtturm der Punta** mit seinen 1,65 Meter dicken Mauern steht hier seit 1617, wobei er seinen regelmäßigen Dienst erst seit 1872 versieht. Besonders in der Abendsonne ist seine markante Kronenform ein äußerst begehrtes Fotomotiv.

Von Leopold Stasny, Ingenieur aus Wien, der 1864 einige Monate als Wärter auf dem Leuchtturm lebte, ist folgender amüsanter Tagebucheintrag erhalten:

„10. August 1864. Heute Marinekreuzer Ferdinand Max vorbeigezogen. Salutschüsse abgefeuert. Durch das Fernrohr den Kommandanten, wohl ein Admiral, auf dem Vorschiff ausgemacht. Erkannt, weil die ganze österreichische Admiralität so komische Bärte trägt.“

Das angrenzende Muggia-Tor stammt aus dem 13. Jahrhundert und ist eines der ältesten erhaltenen Tore, die in die Stadt führten.

Punta im Abendrot

PIRAN

13

ST.-KLEMENS-KIRCHE/CERKEV SVETEGA KLEMENTA

Direkt angeschlossen an den Leuchtturm ist die Kirche St. Klemens, die 1274 zum ersten Mal urkundlich erwähnt wurde. 1776/77 bekam sie ihr heutiges **barockes Aussehen,** im Inneren befinden sich drei Marmoraltäre des Piraner Bildhauers **Gasperino Albertini.** Ursprünglich war die Kirche dem heiligen Klemens geweiht, nach einer schweren Pestepidemie weihte man sie jedoch der Heiligen Muttergottes, wodurch die Kirche auch den Namen Mariahilf/Cerkev Marije Zdravja bekam. Der eher schmucklose Innenraum wird gerne für **Ausstellungen sakraler Kunst** genutzt.

Riva France Prešeren, 6330 Piran

14

1.-MAI-PLATZ/ PRVOMAJSKI TRG

Venezianischer Wasserspeicher

Ein ganz besonderer Platz in Piran ist der „Platz des 1. Mai". Er trägt auch den Namen „Alter Platz", weil hier im 13. Jahrhundert das Zentrum der Stadt war. Den Platz dominiert ein großer **venezianischer Wasserspeicher,** angelegt nach der großen Dürre im Jahr 1775, um das Regenwasser der umliegenden Dächer aufzufangen. Sofort fallen die Putti auf, die eine Regenrinne schultern, um das Wasser in den Speicher zu leiten. Es sickerte durch den Stein und eine Sandschicht, wurde dadurch gereinigt und sammelte sich unter der Konstruktion in einem Reservoir, aus dem man es heute noch mittels einer Handpumpe nach oben pumpen kann.

Auf die Plattform führt eine steinerne Treppe, bewacht von zwei weiblichen Figuren - rechts die **„Gerechtigkeit"** und links das **„Gesetz".** Die Figur der Gerechtigkeit trägt ein Schild mit dem Stadtwappen Pirans und den Wappen der **Familien Marcello und Bemba,** die Figur des Gesetzes zeigt auf ihrem Schild die Namen der Bürger, die den Bau finanzierten. Heute dient die Plattform teilweise als **Gastgarten, als Theater- oder Konzertbühne,** aber auch als Tanzparkett.

Die kleine 1325 erbaute **Kirche St. Donat** ist das älteste Bauwerk am Platz und wird heute als Galerie genutzt.

Nur wenige Schritte weiter über die **Verdijeva ulica** zur **Savudrijska ulica** finden sich zwei sehenswerte Stadttore, das gotische **Dolfin-Tor** aus dem Jahr 1483, mit seinen drei Delfinen, dem Wappen des damaligen Bürgermeisters Dolfin und auf der **Obzidna ulica** das **Mittel- oder Misana-Tor**/Osrednja vrata aus dem 15. Jahrhundert. Die angrenzende Stadtmauer zeigt eindrucksvoll, wie Pirans Bewohner die Mauerteile kurzerhand in ihre Häuser integrierten, als diese nicht mehr zur Verteidigung gebraucht wurden.

Nicht weit von hier in der **Levstikova ulica** steht die sehenswerte venezianische **Casa Benvenuti**/Hiša Benvenuti, heute die Musikschule Pirans. Erbaut wurde sie im neogotisch-venezianischen Stil um 1861 vom Architekten Giuseppe Moso.

15 SEEFAHRTSMUSEUM/ POMORSKI MUZEJ SERGEJ MAŠERA

Vor dem Tartiniplatz liegt der Cankar-Kai mit seiner Hafeneinfahrt und dem Seefahrtsmuseum, benannt nach dem **Kriegshelden Sergej Mašera** (1912–1941), das in dem neoklassizistischen **Palazzo Gabrielli** mit seinen Halbsäulen und der schönen Rotunde untergebracht ist. Es zeigt die **Sammlung von Schiffsmodellen** des österreichischen Jesuitenpaters Gabriel Gruber aus dem 18. Jahrhundert sowie einige weitere interessante historische Ausstellungsstücke wie Gallionsfiguren, Seekarten und nautische Instrumente.

Cankarjevo nabrežje 3, 6330 Piran
Geöffnet: Juli bis August, 9–12 und 17–21 Uhr,
September bis Juni, 9–17 Uhr, montags geschlossen.
Tel. +386 5 671 00 40

TIPPS & ADRESSEN

Parken

In Pirans Innenstadt herrscht Autoverbot, daher ist es empfehlenswert, gleich eines der Parkhäuser anzusteuern.

16 Parkhaus Fornače

mit gratis Shuttleservice zum Tartiniplatz

Fornače 23, 6330 Piran
Tel. +386 5 676 7114
Geöffnet 0–24 Uhr, 1,20 Euro/Stunde, 12 Euro/Tag

17 Parking Arze

Arze 1 b, 6330 Piran
Tel. +39 0567 67114
Geöffnet 0–24 Uhr, 1,20 Euro/Stunde, 12 Euro/Tag

Weitere Infos zu Parkplätzen unter www.portoroz.si/de

Taxi

Ein Standplatz findet sich direkt beim Cankar-Kai, im Zentrum Pirans.

Restaurants

18 La Bottega dei Sapori

Das bekannteste Restaurant Pirans direkt im Geburtshaus des berühmten Violinisten auf dem Tartiniplatz. Hohe Servicequalität, regionale Produkte, fangfrischer Fisch mit allen Köstlichkeiten, die die mediterrane Küche zu bieten hat.

Kajuhova 12, 6330 Piran
Tel. +386 599 20474

19 Fritolin pri Cantini

Ein uriges Selbstbedienungsrestaurant und Take-Away für Seafood unter schattigen Weinreben. Zum Bestellen geht man zum Küchenfenster, Getränke ordert man bei der Kellnerin. Gut, schnell und günstig auf einem der schönsten Plätze von Piran.

Prvomajski trg 6, 6330 Piran
Tel. +386 41 873 872

20 Pri Mari

Hier werden alle Fischliebhaber fündig! Alteingesessenes Lokal in guter Lage an der Ortseinfahrt. Der Küchenchef Marco de Angelis bringt auf den Tisch, was das Meer hergibt, von Fritto misto bis zu Scampi in Salzkruste ist allerlei Köstliches dabei.

Dantejeva ulica 17, 6330 Piran
Tel. +386 41 616 488
www.primari-piran.com

Cafés & Bars

21 Žižola Kantina

Im Sommer eine einladende Bar direkt im Barockhaus mit einem Sitzgarten am Tartiniplatz. Bekannt für den guten Malvazijalikör und die feinen Sommercocktails.

Tartinijev trg 10, 6330 Piran

22 Caffè Neptun

Schönes Café, das durch den Gastgarten direkt am Meer besticht. Man wirbt mit den besten Sonnenuntergängen und tatsächlich ist dies einer der schönsten Plätze Pirans, um seinen Aperitivo im Sonnenuntergang zu schlürfen.

Dantejeva ulica 4, 6330 Piran
www.caffeneptun.net

23 Café Teater

Direkt im sonnengelben Theater Giuseppe Tartini mit schöner Terrasse zur Meerseite hin. Tagsüber gut besucht, im Sommer ein Hotspot für Touristen, abends ein perfekter Ort für den gediegenen Aperitivo mit Blick auf den abendlichen Hafen. Das Café bietet kleine Speisen und im Sommer immer wieder Livemusik.

Prešernovo nabrežje, 6330 Piran
Tel. +386 41 685423

Café Teater

Shopping

24 Piranske Soline

Im Erdgeschoß des Venezianerhauses befindet sich der Shop der Salinen von Piran, der die erstklassigen Erzeugnisse aus dem Salz aus Sečovlje anbietet. Neben feinstem Speisesalz in allen Größen und Formen gibt es im Shop auch Kosmetikprodukte und erstklassige Schokoladen (mit Fleur de Sel).

Ulica IX. korpusa, 6330 Piran
www.soline.si

25 Čokoladnica Piran

Wer statt Salzigem lieber Süßes hat, dem sei dieses Schokoladengeschäft empfohlen, das sich ebenfalls am Tartiniplatz befindet. Neben den erstklassigen Pralinen sind vor allem die Schokofrüchte beliebt.

Tartinijev trg 5, 6330 Piran
www.cokoladnica-olimje.si

Produkte der Piranske Soline

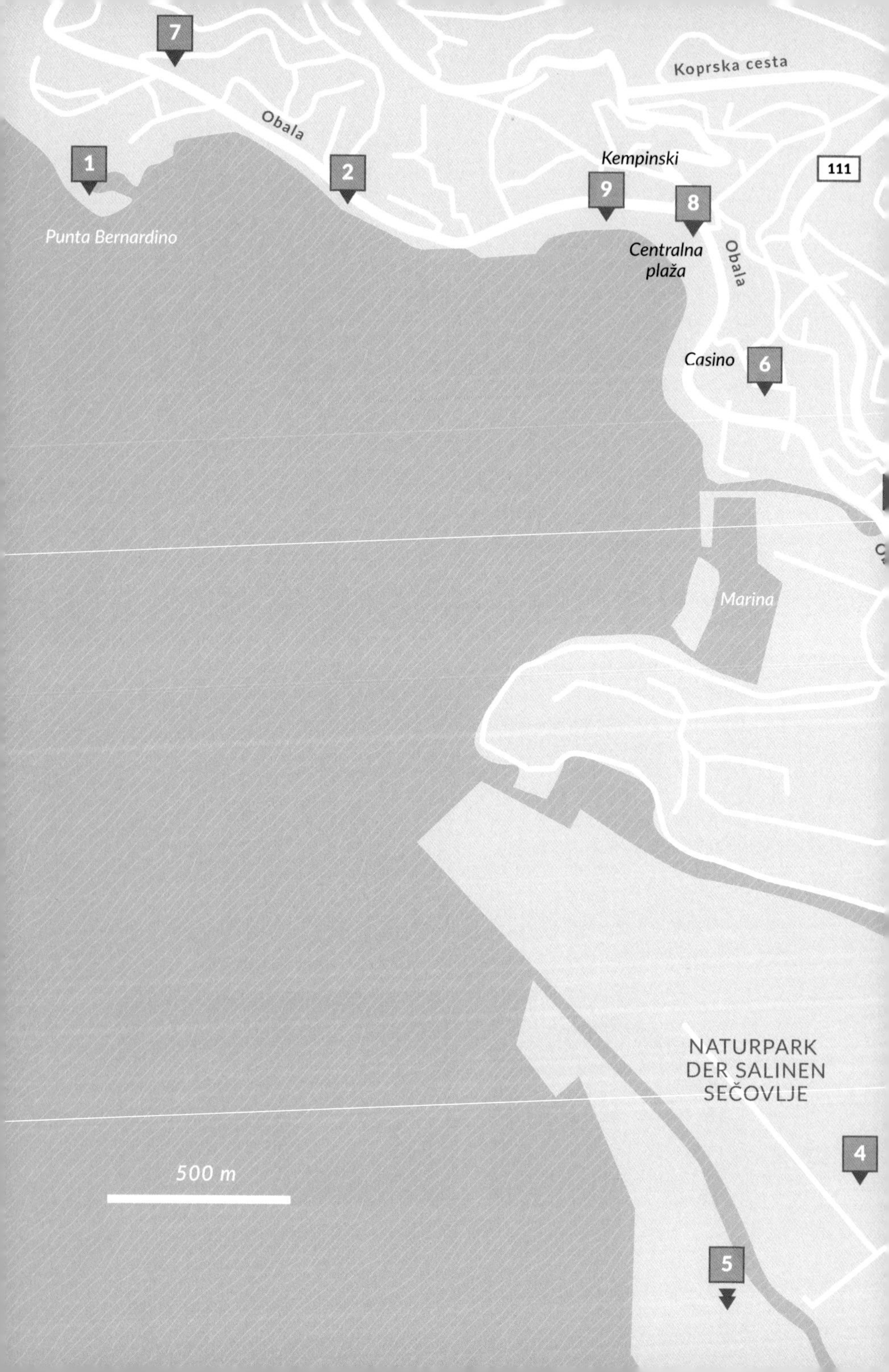

7
Koprska cesta
Obala
1
2
Kempinski
111
9
8
Punta Bernardino
Centralna
plaža
Obala
Casino
6
Marina
NATURPARK
DER SALINEN
SEČOVLJE
4
500 m
5

Portorož

DIE ROSENBUCHT DER BENEDIKTINER

Einwohner: **ca. 2.850**
Größe: **2,97 km²**
Lage: **Direkt an der Küste nur 4 km von Piran entfernt**
Koordinaten: **45° 31′ N, 13° 36′ O**
Sprachen: **Slowenisch und Italienisch**
Information: **Turistično informacijski center Portorož, Obala 16, 6320 Portorož, Tel. +386 5 674 22 20, www.portoroz.si/de**

Portorož, der 4 Kilometer von Piran entfernt liegende Nachbarort, hat ein gänzlich anderes Gesicht als das verzaubernde Schwesterstädtchen. Während in Piran der Handel aufblühte und sich die Salzschiffe im Hafen drängelten, ging es in Portorož viel geruhsamer zu. Hier widmete man sich schon früh der Religion und erforschte die Heilkräfte des Salzes. Es waren die Benediktinermönche, die 1251 hierherkamen und dem reizvollen Ort am Meer mit einer ihrer Kirchen seinen Namen gaben: „Portus sanctae Mariae de Rosae" – „Hafen der heiligen Maria der Rose". Zwar verliert sich die Spur dieser namensgebenden Kirche um 1700, doch der romantische Name „Portorose" (zunächst im Italienischen) blieb erhalten und der kleine Ort entwickelte sich, auch wegen seiner Nähe zu Triest, im 19. Jahrhundert zu einem der führenden und elegantesten Kurorte der k. u. k. Monarchie.

Heute zeigt Portorož, wie es auf Slowenisch heißt, vor allem ein Stadtbild aus den 1960er- und 1970er-Jahren und man muss sich eher nachsichtig auf die Spuren der k. u. k. Zeit begeben.

PORTOROŽS GESCHICHTE

Die Geschichte des **„Rosenhafens"** ist eindeutig christlich dominiert. Die **Benediktiner** trieben mit ihren vier Klöstern die Urbanisierung der Region voran und nutzten bereits um 1300 die **Heilkraft des Salzwassers und des Salinenschlamms,** um Krankheiten wie Rheuma, Wassersucht und Leberprobleme zu lindern.

Für zusätzliche Starthilfe sorgte ein weiterer Kleriker, der umtriebige Franziskaner Giovanni da Capistrano, der 1451 auf seinem Feldzug gegen die Türken hier Station machte und ein Kloster gründete, das er **Bernhardin von Siena** weihte. Dieses **Kloster** war knapp vier Jahrhunderte am Aufbau der Region beteiligt, bis es 1806 aufgelöst und von der österreichischen Armee als Verteidigungsfestung genutzt wurde.

Die Salzproduktion der angrenzenden Salinen war der Motor des Kur- und Gesundheitstourismus, der begann, als Istrien mit dem Frieden von Campo Formio 1797 an Österreich fiel. Die **Villa San Lorenzo,** 1840 auf den Resten des einstigen Klosters des heiligen Laurentius erbaut, nahm bereits ab 1860 Kurgäste auf und gehörte ab 1901 der Piraner Kurbadgesellschaft, die auch das erste „Casino des Étrangers" hier eröffnete, das wohlhabende Gäste anzog. Das erste Strandbad wurde 1869 vom Triestiner Kaufmann Giuseppe Stölker unterhalb der Villa eröffnet.

Leider ist die Villa San Lorenzo heute nicht mehr erhalten, ihr ehemaliger Standort jedoch beinahe aus ganz Portorož auszumachen. Das architektonisch kaum ansprechende **Hotel Metropol** mit seinem Casino steht heute an ihrer Stelle. Und das ist auch ein wenig der Fluch des Ortes, der heute unter seiner fehlenden mediterranen Architektur leidet: einerseits ein „Vermächtnis" des Zweiten Weltkriegs, in dem viele historische Gebäude zerstört oder in Soldatenheime umfunktioniert wurden, andererseits der weiteren touristischen Entwicklung des Ortes **unter jugoslawischer Führung.** In dieser Zeit konzipierte der in Triest geborene Architekt Edo Mihevc (1911–1985) die **vierspurige Uferstraße,** der einige der noch erhaltenen schönen Hotels und Villen zum Opfer fielen, und er errichtete Hotelbauten wie das **Grand Bernardin** oder eben das Metropol, die aus heutiger Sicht problemlos als Bausünden bezeichnet werden können.

Zur Entwicklung des jungen Kurortes Portorose trugen in erster Linie zwei Ärzte bei. Der Piraner Arzt **Giovanni Lugnano,** mit seinen Therapien gegen Rheumatismus, für die er ab 1879 Sole und Meerfango einsetzte, und **Orazio Pupini,** leitender Arzt der Südbahngesellschaft und Mitglied der Wiener Balneologenvereinigung, der um 1908 in Portorose erfolgreich Patienten aus Wien behandelte.

Am 25. Juli 1897 wurde Portorose offiziell zum **k. u. k. Kurort** ernannt und die 1890 gegründete Piraner Investorengruppe „Società per azioni stabilimento balneare di Pirano", baute das erste Hotel mit 80 Zimmern inklusive

Kempinski Palace Hotel

einem **modernen Thermenkomplex** auf einem Grundstück der ehemaligen Salinen. Die ersten Kurgäste des Ortes waren **verwundete Offiziere** der k. u. k. Armee und schnell folgten auch **wohlhabende Bürger** aus den Kronländern. Damals waren Kurorte eine Ganzjahresdestination und die Kurgäste kamen vor allem, um die **milden Winter** und das therapeutische Angebot zu genießen.

1902 eröffnete die **Schmalspurbahn von Triest bis Poreč,** bekannt auch unter dem Namen **Parenzana,** die den Gästen die Anreise, die vorher nur mit dem Dampfschiff möglich war, einfacher machte. Die 4 Kilometer zwischen Piran und Portorož wurden zwischen 1909 und 1953 mit einer der ersten schienenlosen Oberleitungsstraßenbahnen, der **Filovia,** verbunden.

Zu Beginn des 20. Jahrhunderts gab es bereits an die zehn **Hotels und unzählige Privatvillen** in Portorož, die von Besitzern aus allen Teilen der Monarchie erbaut worden waren. 1905 zählte man circa 1 500 Kurgäste, kurz vor dem Ersten Weltkrieg war die Zahl auf knapp 7 500 Gäste pro Jahr angestiegen. Dies veranlasste die „Piraner Kurbad Gesellschaft" zu einer Investition in die touristische Zukunft ihres Ortes: Man begann mit dem **Bau eines Hotels der Luxusklasse** – dem **„Palace Cur Hotel",** einem außergewöhnlichen Zeitzeugen des vornehmen Kurbetriebs in Portorož.

KEMPINSKI PALACE HOTEL

Am 20. August 1910 eröffnete das von den Kurgästen bereits sehnsüchtig erwartete „Palace Cur Hotel", ein Grandhotel, das hinsichtlich Ausstattung und technischer Standards ein absolutes **Prestigeprojekt seiner Zeit** war. Geplant und erbaut wurde es von dem 1827 in Triest geborenen Architekten **Giovanni Eustacchio.**

Das eindrucksvolle Gebäude mit seiner Fassade im Historismus mit Stilelementen der Wiener Secession und der Neorenaissance dominiert die breite Uferstraße und ist heute zweifellos der architektonische Lichtblick in Portorož.

Der damalige Hoteleingang lag auf der Seite des Hauses, in dem heute das **Restaurant „Sophia"** untergebracht ist, benannt nach **Sophia Loren,** die als Kind mit ihren Eltern regelmäßig Urlaub im „Palace" machte. Die Gäste wurden elegant mit dunkel getäfeltem Holz und mit Rauten verzierten Marmorsäulen empfangen, die den Raum auflockern sollten. Ein großer offener Kamin sorgte in der kühleren Jahreszeit für stilvolle Wärme. Er ist zwar heute noch erhalten, wird aber aus sicherheitstechnischen Gründen (leider) nicht mehr als offene Feuerstelle betrieben. Das Bild über dem Kamin wurde eigens für das Hotel angefertigt und sei, so versichert man, über all die Jahre an seinem Platz verblieben, selbst als das Hotel geschlossen war. Das Gourmetrestaurant Sophia bietet einen eindrucksvollen Blick auf die exquisite Ausstattung des früheren Hotels – und auch die heutige Speisekarte lohnt den Besuch.

Kristallsaal

Zur Zeit der Monarchie wurden die Mahlzeiten im eindrucksvollen **Kristallsaal** mit eleganter weiß-goldener **Ornamentik im Secessionsstil** eingenommen. Er ist heute stilvoll restauriert und mit seinen teilweise original erhaltenen Kristalllustern wieder ganz dem früheren Glanz verpflichtet. Mit viel Liebe wurden auch Details wie die kleine **Orchesterbühne** erhalten, von der früher das hauseigene Orchester für die musikalische Untermalung des Diners sorgte.

Links und rechts neben dem Kristallsaal befinden sich nach wie vor der **Salon für die Damen** in helleren und der **Salon für die Herren** in gedeckten Farben, in die man sich früher nach dem Diner getrennt zurückzog. Heute werden die Räume natürlich nach Belieben benutzt. Es ist etwas Besonderes, dass diese beiden Aufenthaltsräume in ihrer ursprünglichen Form auch nach dem Umbau erhalten wurden, denn aus Platzgründen werden sie heute in den meisten historischen Hotels eingespart.

Auch wenn es heute fünf Aufzüge im Hotel gibt, werfen Sie trotzdem einen Blick in das **Treppenhaus** mit seinen original erhalten Bleifenstern, die den heiligen Georg, den Schutzpatron Portorožs, darstellen. Das Treppenhaus zeigt auch, warum sich die Präsidentensuite, die in modernen Bauten immer ganz oben untergebracht ist, im ersten Stock befindet. Kein Erzherzog und keine Prinzessin hätten damals fünf Stockwerke zu ihrem Zimmer hinaufsteigen wollen, dies blieb den Dienstboten vorbehalten.

Natürlich waren im Lauf der Zeit gravierende Umbauten nötig, um das Hotel an die veränderten Ansprüche anzupassen, doch wurde dabei mit sehr viel Feingefühl die **denkmalgeschützte Substanz** erhalten. Auch der hochmoderne neue Anbau aus Glas fügt sich harmonisch in das Gesamtkonzept.

Während das Hotel 1910 mit 98 Zimmern eröffnet hat, verfügt es heute, trotz des Anbaus, nur über 20 Zimmer mehr. Dies erklärt sich durch internationale Standards in Ausstattung und Zimmergröße, die für eine **Fünfsternekategorie** einzuhalten sind, und ist eben der Tatsache geschuldet, dass 1910 die Gästezimmer wesentlich kleiner und meist ohne Bäder angelegt waren.

Bereits zur Eröffnung hatte das Palace eine balneotherapeutische **Therme** und ein mit Meerwasser gefülltes Hallenbad, ein Luxus, der sich heute mit einem ansprechenden Spa sowie Indoor- bzw. Outdoorpool fortsetzt.

Was dem Palace-Hotel leider komplett fehlt, ist sein großer Strandbereich, den es zu k. u. k. Zeiten seinen Gästen bieten konnte. Damals breitete sich direkt vor dem Haus ein riesiges Strandbad aus, dessen Planung der Triestiner Architekt Lodovico Braidotti übernommen hatte. Über 200 aus Holz gefertigte Badekabinen, die halbkreisförmig am Strand angeordnet waren, erlaubten es den Badenden, über Leitern direkt ins Wasser zu gehen. Die Konstruktionsform des Strandbades kann man erahnen, wenn man sich die heutige Form des Strandes vor dem Hotel ansieht, der nun in kleinere Abschnitte zerteilt verschiedenen Eigentümern gehört. Auch der **Verlust des Strandabschnitts** und eines Teils des Hotelparks ist dem Bau der breiten Hauptstraße zuzuschreiben.

Berühmtester Hotelgast zur k. u. k. Zeit war Kronprinz Franz Ferdinand, der später dem Attentat von Sarajevo zum Opfer fiel. Während der beiden Weltkriege diente das Palace als Heim für rekonvaleszente Soldaten und nach einer zweijährigen Renovierungsphase galt es ab 1951 wieder als eines der schönsten Häuser der Region. Acht Jahre lang, von 1964 bis 1972, war hier auch das **Casino von Portorož** untergebracht. Berühmte Gäste dieser jüngeren Zeit waren Sophia Loren, Marcello Mastroianni und Yul Brynner, ebenso wohnten Pierre Brice und Lex Barker hier.

In den 1970er- und 1980er-Jahren gab es unter dem schon erwähnten Edo Mihevc weitere **An- und Ausbauten,** die der Ausstrahlung des Hauses jedoch nicht gut taten, und das einst architektonisch so gelungene Haus verlor sein Flair. Die Besucher blieben aus und es folgten über zwanzig Jahre, die geprägt waren von Schließungen und Umbauten, bis schließlich die europäische **Luxushotelgruppe Kempinski** das Haus übernahm. Am 18. Oktober 2008 war die glamouröse Neueröffnung und Teile des Hotels sowie der wunderschöne Park gelten heute als „nationale Kulturgüter".

Kempinski Palace Hotel, Obala 45, 6320 Portorož
Tel. +386 5 692 70 00, www.kempinski.com

FLANIEREN IN PORTOROŽ

Portorož erstreckt sich heute auf circa 3 Quadratkilometern und hat ganzjährig an die 3000 Einwohner. Sehenswürdigkeiten oder Museen, die den Namen auch verdienen, so ehrlich muss man sein, sind in Portorož knapp. Durch die breite Straße stellt der Ort, was sicher unbeabsichtigt war, leicht auf Durchzug, eine gemütliche Flaniermeile ist auf der Obala nicht entstanden. Zwar reihen sich Hotels, Restaurants und Cafés aneinander, doch wirkt alles ein bisschen wie ein aus der Zeit gefallener Einheitsbrei. Zwischen Piran und Portorož liegen nur 4 Kilometer, wer also gut zu Fuß ist, kann die Strecke zwischen den Ortsteilen, die großteils direkt am Meer entlangführt, auch zur körperlichen Ertüchtigung nutzen.

1 PUNTA BERNARDINO

Zwischen Piran und Portorož liegt die **„Punta Bernardino"**, einer der geschichtlich interessantesten Plätze des Ortes. Heute steht hier eine große Hotelanlage, das San Bernardin, deren Name an das frühere **Minoritenkloster San Bernardino** erinnert, das sich hier befand.

Kirche San Bernardino

Gegründet vom eingangs schon erwähnten **Giovanni da Capistrano** (1386–1456) – auch Johannes Capistranus –, dem in der Provinz L'Aquila in den Abruzzen geborenen Schutzpatron der Rechtsanwälte. Capistrano war ein **Tausendsassa** seiner Zeit, der sich als Wanderprediger, Heerführer und Inquisitor einen Namen machte. 1451, im Alter von bereits 65 Jahren, führte er einen Feldzug gegen die Türken an und machte hier Station, um ein

Kloster zu gründen, das er seinem früheren Lehrer, dem heiligen Bernardino von Siena weihte.

1490 wurde direkt neben dem Kloster eine **Marienkirche** erbaut, die 1700 in der „Corografia“ des Bischofs Paolo Naldini als „große Kirche mit mehreren Marmoraltären und vielen hochwertigen künstlerischen Arbeiten“ beschrieben wurde. Heute ist nur noch der **Glockenturm mit Apsis und eine Mauer** erhalten, eingebettet in einen angedeuteten Grundriss. Die kleine Kirche befindet sich auf einem Hügel innerhalb der Hotelanlage, ist aber frei zugänglich. Ein Besuch lohnt sich auch wegen der **Aussicht über das Meer** und der in Teilen noch alten **Stützmauer** unterhalb der Kirche, die das frühere Kloster gegen die Übergriffe des Meeres schützen sollte.

1809 wurde das Kloster von den Franzosen aufgelöst und später von der k. u. k. Armee als **Festung und Zollbehörde** genutzt. Ab 1923 war hier eine Flugschule mit Wohnkomplex für Piloten von Wasserflugzeugen untergebracht, die im Zweiten Weltkrieg in ein militärisches Wasserflugzentrum überging und 1945 von deutschen Truppen zerstört wurde. Die heutige Hotelanlage entstand ab 1974.

Obala 2, 6320 Portorož

2 SALZSPEICHER

Nur wenige Hundert Meter weiter an der Hauptstraße in Richtung Ortsmitte erblickt man schon die beiden Salzspeicher „Grando“ und „Monfort“ als Zeugen des Handels mit dem wichtigsten Rohstoff der Region.

Geplant wurden sie unter napoleonischer Herrschaft, fertiggestellt wurden sie in den Jahren 1824 bzw. 1838 aber bereits wieder von den Österreichern. Nachdem die Salinen von Sečovlje in der Mitte des 18. Jahrhunderts durch eine **Naturkatastrophe** beinahe zerstört worden waren und kaum mehr Erträge abwarfen, wurde die **Salzproduktion unter den Habsburgern** wieder aufgebaut.

Magazin Grando

Das **Magazin Grando** ist 186 Meter lang und 29 Meter breit. Seine Wände haben eine Dicke von bis zu 2,5 Metern und die Neigung der Mauern nach innen war notwendig, damit diese dem Gewicht des gelagerten Salzes standhalten konnten. Das **Magazin Monfort** ist mit 156 Metern Länge, 12 Metern Höhe und 19 Metern Breite etwas kleiner.

Einen Blick wert sind die hölzernen Dachstühle der Speicher, deren Lebensdauer sich durch die Imprägnierung mit Salz auf natürliche Weise verlängert hat. Heute werden die Speicher als **Ausstellungsräume** genutzt und sind wegen ihrer angenehmen Kühle im Inneren und der archaischen Architektur beliebter Eventstandort.

Ex magazzini del Sale Grando e Monfort, Obala 10, 6320 Portorož

3 ST.-LUZIA-KIRCHE/ CERKEV SVETE LUCIJE

St. Luzia

Stadtauswärts, kurz vor der Marina, findet man die älteste noch erhaltene Kirche von Portorož, die kleine Kirche der heiligen Luzia. Sie wurde im 16. Jahrhundert für die **Salzarbeiter** errichtet, die in den Salinen von Lucija schufteten, und die heute etwas verloren am Straßenrand der Obala steht.

Ukmarjeva ulica 12, 6320 Portorož

SALZ AUS SEČOVLJE

Piran gilt als die „auf Salz gewachsene" Stadt. Die Produktion und der Handel mit dem „weißen Gold" hat eine **lange Tradition,** die wahrscheinlich weit vor dem 12. Jahrhundert begann. Heute wie damals werden hier **in den Sommermonaten** die Salzfelder bewirtschaftet, um ein Salz zu erzeugen, dessen milder und feiner Geschmack seit Jahrhunderten begeistert.

1280 übernahm **Venedig** mit peniblen Kontrollen den gesamten Salzhandel Pirans, es war die Zeit der „Salzverträge", in denen von den Produktionsmengen bis zur Besteuerung haarklein geregelt war, welche Rechte und Pflichten die Piraner gegenüber ihren venezianischen Herren hatten.

Der **Verkauf des Salzes zur See** war alleiniges Recht der Venezianer und es wurde alles getan, um den Schmuggel von Salz zu verhindern. Ebenso verboten war, das Salz über Nacht in den Salzbecken zu lassen. Die wertvolle Ware musste täglich in die Lagerhäuser der Venezianer gebracht oder zumindest in den Salzlagern der Saline zwischengelagert werden, um Diebstahl

Saline Fontanigge

und Betrug zu verhindern. Trotz allen Restriktionen – auch die Piraner lebten gut vom Salz.

Zu dieser Zeit war Salz nicht nur zum Würzen von Speisen **ein gefragtes Gut.** Es gab keine Kühlschränke und man nutzte es, um Speisen, vor allem Fleisch und Fisch, haltbar zu machen. Salz war ein wichtiger Bestandteil der damaligen Medizin und wurde ebenso für die Herstellung von Schießpulver gebraucht. Besonders wichtig war es bei der Beladung von Schiffen, zu dieser Zeit eine genau berechnete Wissenschaft. Man belud den Frachtraum eines Schiffes in verschiedenen Schichten, wobei man immer mit Salz begann, um den Schiffen die nötige Stabilität zu geben. In Seeschlachten wurde Salz sogar als „Shock Absorber" für Kanonenkugeln benutzt.

In der Monarchie erlebte die Salzproduktion ihre **Hochblüte.** Nachdem die Salinen Mitte des 18. Jahrhunderts durch eine Naturkatastrophe beinahe zerstört worden waren, wurden sie unter österreichischer Führung wieder instand gesetzt. Sie umfassten damals rund 500 Hektar und produzierten etwa 40 000 Tonnen Salz pro Jahr. **500 Familien** lebten und arbeiteten von St. Georg am 23. April bis zu St. Bartholomäus am 24. August in den Salinen. Davon erzählen uns heute die **Salinenhäuschen,** von denen mittlerweile viele verfallen in der Saline Fontanigge stehen. Nur vier wurden als Museum erhalten und sind heute zu besichtigen.

Das Salz der Salinen von Sečovlje ist **reinweiß,** was durch ein besonderes Biosediment, die Petola, erreicht wird. Durch die Zucht einer besonderen Alge entsteht auf dem Boden des Salzbeckens eine Sedimentschicht, die die Vermischung von Schlamm und Meersalz verhindert. Das Salz wird dadurch weißer und sein Geschmack milder.

Die **Salzgewinnung** in Sečovlje erfolgt trotz Modernisierung in Teilbereichen nach wie vor in traditioneller Weise von Hand. Meerwasser wird über ein Kanalsystem in die Salzbecken geleitet und verdunstet langsam durch Sonneneinstrahlung und Wind. So erhöht sich die Salzkonzentration im Becken von ungefähr 3,5 % auf 25 bis 30 %. Dadurch bilden sich an der Wasseroberfläche Salzkristalle aus und die „Salzblüte" beginnt. Täglich am späten Nachmittag werden die Salzkristalle von den Arbeitern vorsichtig mit Schaufeln abgeschöpft. Geerntet werden **verschiedene Qualitäten,** größere Salzkörner, die nach unten sinken, werden als grobes Meersalz, Bade- oder Peelingsalz, das feinere Salz der Oberfläche wird zu hochwertigem Tafelsalz verarbeitet. Qualitativ kann das Piraner Salz spielend mit seinen französischen oder spanischen Konkurrenten mithalten, noch dazu sind die Transportwege in unsere Breitengrade vergleichsweise kurz und damit umweltfreundlicher.

NATURPARK SALINEN SEČOVLJE/ KRAJINSKI PARK SEČOVELJSKE SOLINE

Knapp 6 Kilometer hinter Portorož befindet sich der **Naturpark der Salinen Sečovlje.** Er besteht aus zwei Salinen – Lera und Fontanigge –, die sich zwar auf dem Gebiet eines zusammenhängenden Naturparks befinden, jedoch nicht miteinander verbunden sind und getrennte Eingänge haben. Im Norden wird der Naturpark durch den Bartholomäus-Kanal begrenzt, im Süden durch den Fluss Dragonja.

Zur **Saline Lera,** die noch in Betrieb ist, fährt man in Richtung Seča, nach dem Ortsende kommt die Abfahrt Sečovlje, nach der man die Saline schon sieht und direkt auf deren Parkplatz landet. Zur **Saline Fontanigge,** die knapp 10 Kilometer hinter Portorož liegt, biegt man am Grenzübergang Sečovlje genau zwischen den beiden Grenzposten von Slowenien (Dragonja) und Kroatien rechts ab.

Die Salinen von Fontanigge und Fazan im Ortsteil Lucija waren bis 1967 in Betrieb, während die Saline Lera noch immer bewirtschaftet wird und 50 000 Tonnen Salz pro Jahr erzeugt. Die Salinen Sečovlje, die **nördlichsten noch aktiven Salinen im Mittelmeer,** sind seit 1990 ein **Naturpark** und gelten seit 2001 als Nationaldenkmal.

Neben allen interessanten Aspekten zur Salzgewinnung findet man in den Salinen von Sečovlje eine intakte und sehenswerte Naturlandschaft, die es wirklich zu besuchen lohnt. Am schönsten ist ein Besuch **zwischen Juni und September,** wenn man die Salzblüte sehen und die Salzarbeiter bei der Arbeit beobachten kann. Aber auch im Herbst, wenn Ruhe eingekehrt ist, ist ein Spaziergang in den Salinen ein einmaliges Erlebnis.

Tipp: Um beide Salinen gemütlich zu besuchen, braucht man einen guten halben Tag. Wer den Ausflug mit etwas Besonderem „veredeln" möchte, kann seinen Besuch so legen, dass er im **Restaurant Fioret** in der Saline Lera ein feines Mittagessen genießt oder den Tag mit einer Spa-Behandlung im **Lepa Vida** (ebenfalls in der Saline Lera) ausklingen lässt (Voranmeldung notwendig!).

Jede der beiden Salinen hat ihr eigenes Flair – während Lera durch ihren Betrieb einen guten Einblick in die Arbeit auf den Salinenfeldern gibt, wirkt Fontanigge, als sei die Zeit stehen geblieben und erlaubt so eine kurze, stille Zeitreise in längst vergangene Tage.

4 SALINE LERA

Bevor man zum Parkplatz der Saline Lera kommt, direkt bei der Abfahrt der Schnellstraße 111, erhebt sich rechts die kleine **St.-Bartholomäus-Kirche/Cerkev svetega Jerneja,** ebenfalls eine Kirche, die **für die Arbeiter** der Salinen von Sečovlje erbaut wurde. Bis 1817 stand sie direkt am Meer, als die Salinen weiter ausgebaut wurden, rückte die zuletzt 1900 renovierte Kirche weiter ins Land hinein. Am Bartholomäustag, dem 24. August, wurde hier jährlich mit einem feierlichen Gottesdienst der Abschluss der Salzsaison gefeiert.

Die **Saline Lera** ist, wie erwähnt, noch in Betrieb und bietet einen Überblick zur Salzgewinnung in heutigen Tagen. Auf Holzbrücken und Kieswegen spaziert man zwischen den Salzbecken umher und kann die Arbeiter auf den Salzfeldern beobachten, die beinahe meditativ das Salz abschöpfen.

Ebenso gibt es einen Shop, in dem das in der Saline produzierte Salz „Piranske soline" angeboten wird. Neben Büchern zum Thema Salz sind auch die Kosmetikprodukte wie Badesalz und Salzpeelings einen Blick wert. Am Ende des knapp einen Kilometer langen Weges entlang der Kanäle und Salzbeete, erreicht man das Restaurant „Fioret" sowie ein multimediales Informationszentrum zum Thema Salzgewinnung.

Das **„Fioret"** bietet überhitzten Wanderern kühle Erfrischungen auf einfachen Holzbänken und ist für seine Küche mit Schwerpunkt „Salz" berühmt. Hit der Speisekarte ist der Piraner Wolfsbarsch im Salzmantel. Das Restaurant veranstaltet regelmäßig Kochworkshops zum Thema „Istrische Küche mit Salz". Ganzjährig geöffnet ab 10 Uhr, im Sommer bis 17 Uhr, im Winter bis 15 Uhr.

Besonderes Augenmerk legt man in der Saline Lera auf die Schönheit. Perfekt in die Salzlandschaft integriert ist das **Lepa Vida Thalasso Spa,** das Behandlungen mit Salzschlamm, Peelings und Salzbäder anbietet. Das in offener Holzarchitektur gehaltene Spa führt alle Behandlungen im Freien durch, wodurch eine Voranmeldung unbedingt nötig ist, da der Betrieb vom Wetter abhängt.

Saline Lera

Geöffnet hat es nur in den Sommermonaten, von 9 bis 21 Uhr, Einlass ab 12 Jahren. Erreichbar über die Salinen, Abholung durch Elektroauto möglich.

Seča 94a, 6320 Portorož, www.thalasso-lepavida.si

5 SALZGARTENMUSEUM FONTANIGGE

Ein völlig anderes, wesentlich ruhigeres und landschaftlich unberührteres Erlebnis bietet sich dem Besucher im Salzgartenmuseum Fontanigge. Hier wurden **vier Salinenhäuser** restauriert und als Museum umgebaut und geben Einblick in das einfache Leben der Salinenarbeiter, wie es seit dem Mittelalter bestand.

Der 4 Kilometer lange Weg vom Parkplatz zu den Museen führt durch eine naturbelassene Landschaft den **Fluss Dragonja** entlang. Versuchen Sie sich an den **Gratis-Leihrädern,** die Strecke ist sehr gemütlich abzufahren, oder nutzen Sie die **Elektrobahn,** die in den Sommermonaten verkehrt. Ich kann diese Tour in den Abendstunden (im Sommer geöffnet bis 19 Uhr) empfehlen, wenn man fast allein im Salzgarten ist.

Das 500 Hektar große Küstenfeuchtgebiet ist beliebter **Nistplatz für 250 Vogelarten,** darunter Stelzenläufer oder Reiher, und sogar die Sumpfschildkröte kann man mit Glück beobachten.

Im ersten Haus des Museums befindet sich eine **Wohnung,** wie sie für Salzarbeiter, die mit ihrer Familie innerhalb der Saline wohnten, typisch war. Der Wohnraum war im ersten Stock, während ebenerdig das Salzlager untergebracht war. Das Leben der Salzarbeiter folgte einem geregelten Ablauf **im Einklang mit der Natur.** Man stand vor drei Uhr morgens auf und ging, zumeist ohne Frühstück, zur Arbeit auf die Salzfelder. Um sieben Uhr

Salzarbeiterwohnung Saline Fontanigge

kehrten die Arbeiter zurück und es gab ein einfaches Frühstück, meist standen Brot und Sardinen auf dem Tisch, ein gutes und billiges Nahrungsmittel. Danach wurde, bis zum Mittagessen um ein Uhr, weiter auf den Feldern gearbeitet. Der Tag ging für die Salzarbeiter in der Regel früh zu Ende, da sie mit Einbruch der Dunkelheit schon schliefen. Zu den schwersten Arbeiten gehörte es, täglich das Salz die 6 bis 7 Kilometer zu den Lagern zu bringen. Dies wurde per Handkarren meist von den jüngeren Arbeitern erledigt.

Das zweite Museumshaus beschäftigt sich mit der **Geschichte der Salzgewinnung** in Istrien, das dritte Haus, das vom „Seefahrtsmuseum Sergej Mašera“ betreut wird, zeigt **Schiffsmodelle,** die für den Salztransport wichtig waren. Das vierte Haus wird als **Forschungsstation** benutzt.

Salinen Sečovlje/Krajinski park sečoveljske soline, Soline Pridelava soli d. o. o.
Seča 115, 6320 Portorož, Tel. +386 5 672 1330
Geöffnet täglich von 7 bis 19 Uhr, Führungen möglich, Parkplätze stehen an beiden Salineneingängen gratis zur Verfügung. Die Eintrittskarte gilt für beide Salinen, jedoch nur am selben Tag. Im Salzgartenmuseum Fontanigge stehen gratis Leihräder zur Verfügung.
www.soline.si, www.kpss.si

Tipp: Wenn Sie den Abend in einem gemütlichen Restaurant außerhalb von Portorož ausklingen lassen möchten, bietet sich die **Gostišče Ribič** an. Ein ursprünglicher und rustikaler Gasthof mit erstklassiger bodenständiger Küche. Der Gastgarten mit Olivenbäumen bietet Meerblick. Fisch und ursprüngliches Down-Home-Cooking. Probieren Sie die Gibanica!

Seča 143, 6320 Portorož, Tel. +386 5 677 07 90

Portorož

TIPPS & ADRESSEN

Parken

6 Metropol Parkplatz

Parkirna hiša Metropol
Obala 77, 6320 Portorož

Essen & Trinken

7 Rizibizi

Das von Janko Franetič und Tomaž Bevčič geführte Restaurant bietet eine ausgezeichnete, gehobene Fischküche, die auf zwei Terrassen mit herrlichem Meerblick genossen werden kann.

Vilfanova 10, 6320 Portorož
Tel. +386 5 9935320, www.rizibizi.si

8 Oštarija Portorož

Der ambitionierte Jungkoch Filip Matjaž führt dieses gediegene Restaurant direkt an der Strandmeile von Portorož mit viel Feingefühl für die mediterrane Küche.

Obala 16, 6320 Portorož
Tel. + 386 5 6744004
www.ostarija.eu

9 Kavarna Nota

Auf der Höhe des Kempinski Palace hin findet sich das hippe Café direkt am Strand. Die Bar bietet innen wie außen ein gepflegtes Loungeambiente und ist zu jeder Tages- und Nachtzeit gut besucht. Besonders beliebt sind neben den Eisbechern die chicen Cocktails.

Obala 14, 6320 Portorož

Salzfelder Saline Fontanigge

500 m
Bahnhof
Ul. Svetog Petra
Ul. 43. istarkse
ehem. Grandhotel Riviera
ULJANIK
3
30
25
8
Amphitheater
34–35
28
1–2
36
Riva
18–20
16–17
21
9–11
Ul. J. Rakovca
Kastell
26
12
37
14
31
Stankovićeva ul.
13
33
4
Flaciusova ul.
29
Marinekasino
15
Arsenalska ul.
27
Mutilska
5
Marine-wohnhäuser
Ul. Marsovog polja
6
32
SAN POLICARPO
Radićeva ul.
7
Ul. Pina Budicina
22–24

Pula

KLEINES FISCHERDORF, STOLZER K. U. K. MARINEHAFEN

Einwohner: **57 053 (2012)**
Größe: **70 km²**
Lage: **Ca. 90 km entfernt von Portorož, über die E 751 zu erreichen. Pula ist die größte Stadt Istriens und liegt an der Südspitze der Halbinsel.**
Koordinaten: **44° 51′ 54″ N, 13° 50′ 25″ O**
Sprachen: **Kroatisch, Italienisch**
Information: **Tourism office Pula, Forum 3, 52100 Pula, Tel. +385 52 212 987, www.pulainfo.hr**

Vom sechstgrößten Amphitheater der Welt über eine schmucke Altstadt bis zu naturbelassenen Stränden – in Pula gibt es viel zu sehen. Aber eine ganz besondere Seite der Stadt geht an den meisten Touristen, die hierherkommen, oft ungesehen vorbei: Es sind die unzähligen Erinnerungen aus der Zeit der k. u. k. Monarchie, die wenig beachtet überall im Stadtbild zu finden sind.

Zugegeben: Auf den ersten Blick wirkt Pula ein wenig chaotisch. Es bietet weder die aufgeräumte Größe Triests noch die verspielte Schönheit Pirans, noch hat es den Zauber eines aus der Zeit gefallenen Opatija. Vergeblich sucht man hier eine elegante Uferpromenade zum Flanieren oder Cafés, in denen man seinen Espresso mit Meerblick genießen kann. Pula ist im Laufe der Zeit mit seinen vielen Sehenswürdigkeiten nicht zimperlich umgegangen. Viele Gebäude aus der k. u. k. Zeit sind in einem bedauernswerten Zustand und ohne Rücksicht auf Verluste hat man Plattenbauten in das geschichtliche Stadtbild gepflanzt. Auch die Riva ist geblieben, was sie schon zur Monarchiezeit war: ein archaischer Hafen, in dem zwar heute keine Kriegsschiffe, dafür aber Fischerei- und Ausflugsboote liegen. Und über allem dröhnt der Lärm der Oliveninsel herüber, von der Uljanik-Werft, in der seit 1856 die Arbeiter ihrer Tätigkeit nachgehen.

PULAS GESCHICHTE

Pula, ganz im Süden und damit im kroatischen Teil der Halbinsel Istrien gelegen, hat heute knapp 60 000 Einwohner. Als 1797 die Österreicher in die Stadt kamen, war Pula kaum mehr als ein verschlafenes **Fischernest,** in dem nur wenige Hundert Menschen lebten. Der Frieden von **Campo Formio** hatte Österreich die Republik Venedig mitsamt ihren Besitzungen zugesprochen. Dazu gehörte Istrien sowie die gesamte venezianische Kriegsflotte. Österreich, plötzlich Seemacht, ging mit dieser neuen Situation eher zögerlich um und unterschätzte die heraufziehende **„Märzrevolution",** die letztlich für den vergessenen Fischerort am südlichsten Zipfel Istriens eine gewisse Umwegrentabilität mit sich brachte.

Der Hungerwinter 1847/48 und die gärende Unzufriedenheit im Vielvölkerstaat der Habsburger führte am 23. März 1848 in Mailand unter der Führung von Daniele Manin zu einer **Revolution gegen die österreichische Herrschaft,** die sofort auf den Marinestützpunkt Venedig übersprang. Der größte Teil der österreichischen Kriegsflotte war nach wie vor mit italienischen Offizieren und Matrosen bestückt, die sich sofort auf die Seite der Revolution schlug. Nachdem der Aufstand von Feldmarschall Josef Radetzky 1848 in Custozza und 1849 in Novara niedergeschlagen wurde, war eines ohne Zweifel klar: die mehrheitlich italienische Marine musste auf österreichische Beine gestellt werden.

Mann der Stunde war der dänische Kommodore **Hans Birch Dahlerup** (1790–1872), dem Kaiser Franz Joseph die Neuorganisation der k. u. k. Marine anbot. Er machte Dahlerup zum Marinekommandanten, Vizeadmiral und Feldmarschallleutnant, was ihn mit allen Kompetenzen ausstattete, um die am Boden liegende Marine neu zu organisieren.

Dahlerup, ein kühler, hochintelligenter Kopf, besetzte alle Schlüsselpositionen mit deutschen und skandinavischen Offizieren, gründete eine Marineschule und führte eine effiziente Verwaltung ein. Er machte **Deutsch zur Kommandosprache** einer Marine, in der bis dahin mehrheitlich Italienisch gesprochen wurde, und obgleich die Matrosen, die meist aus einfachen Familien der Küstenregionen kamen, an Bord weiterhin Italienisch sprachen, gab es doch jetzt eine einheitliche Sprache, die alle verstehen mussten. Auch die italienischen Schiffsnamen wurden eingedeutscht, um ein klares Zeichen zu setzen. Nach und nach befreite Dahlerup die gesamte Marine von der „Dornröschenschlafkrankheit", wie er es nannte.

Hans Birch Dahlerup 1850

Lange getüftelt wurde um den **Standort des Kriegshafens.** Venedig stand nicht mehr zur Diskussion, es wurde als zu italienisch und somit zu antiösterreichisch angesehen. Dies brachte zunächst Triest ins Spiel, das bereits über einen gut ausgebauten Handelshafen verfügte und vor allem loyal zu Österreich stand. Ohnehin diente es Dahlerup und seinem Stab schon jetzt als Stützpunkt, den man leicht hätte ausbauen können. Allerdings: Pula wurde schließlich wegen seines großen und geschützten Naturhafens ins Spiel gebracht!

Dahlerup, der sich für Triest ausgesprochen hatte, brauchte lange, um sich mit dem Gedanken an Pula anzufreunden. Nach seinem ersten Besuch bezeichnete er die Stadt als „arm, schmutzig und in italienischer Gleichgültigkeit und Trägheit versunken". Dazu kam, dass es keinerlei Infrastruktur, keine Wohnhäuser für das Marinepersonal, keine Verwaltungsgebäude und nicht einmal ansässige Lebensmittellieferanten gab, die für die Verpflegung der zu erwartenden Offiziere, Matrosen und Arbeiter hätten sorgen können. Noch dazu galt das Gebiet um Pula als malariaverseucht.

Dennoch machte Pula das Rennen, da hier ein **Neuanfang** ohne jegliche Nationalitätenkonflikte möglich schien. Als sich schließlich auch Kaiser Franz Joseph nach seinem Besuch im Mai 1850 für Pula aussprach, war die Entscheidung gefallen. Am 20. November 1850 wurde dem Seebezirkskommando von Venedig mitgeteilt, dass man in Pula ein **„Marine Etablissement"** errichten werde.

Nur wenig später, 1851, quittierte Dahlerup nach nur zwei Jahren seinen Dienst in der österreichischen Marine. Neider und zu viele Intrigen hatten ihm die Weiterarbeit unmöglich gemacht. Kaiser Franz Joseph dankte ihm für seine Leistungen mit dem Freiherrenstand und noch zehn Jahre später wurde seine Arbeit so geschätzt, dass ihn Erzherzog Maximilian nochmals als Berater zurück nach Triest holte. Bis heute bleibt, trotz aller Schwierigkeiten, gegen die Dahlerup zu kämpfen hatte, sein positiver Einfluss auf die Entwicklung der österreichischen Kriegsmarine unbestritten.

Seine Nachfolger waren Graf Franz von Wimpffen und ab 1854 der erst 22-jährige **Erzherzog Maximilian** (1832–1867), der in seiner Aufgabe als Freund der Marine aufging. Die Stadt wurde in dieser Zeit unablässig **ausgebaut und modernisiert.** Ein Marinespital mit fünfhundert Betten, Wasserleitungen und eine Kanalisation wurden errichtet. Die Wohnverhältnisse blieben allerdings auch in den 1850er-Jahren noch unannehmbar. Das **Marinepersonal** musste in überbelegten Zimmern heruntergekommener Gasthäuser übernachten oder gleich unter freiem Himmel im Hafen. Es kam erst Besserung in Sicht, als Erzherzog Maximilian seinem Bruder Kaiser Franz Joseph die Erlaubnis zum Bau von Marinewohnhäusern förmlich abgerungen hatte. Allerdings mussten diese wegen akuten Geldmangels sogar vom Architekten vorfinanziert werden.

Diese **Marinewohnhäuser** kann man heute am **Mornarički trg,** am Ende der Arsenalska ulica, noch im Originalzustand sehen. Offenbar kaum bis gar nicht renoviert, sind sie nach wie vor bewohnt und geben ein gutes Bild, wie es hier früher ausgesehen hat. Im angrenzenden Park stand damals auch ein Denkmal des Erzherzogs Maximilian, das aber 1919 von den Italienern entfernt wurde und heute in den Giardini Pubblici in Venedig untergebracht ist.

Das **Bevölkerungswachstum** in dieser Zeit war enorm. 1857 war die Einwohnerzahl Pulas mit 7 500 angegeben, davon waren allein 2 000 Angehörige der Marine. Zehn Jahre später hatte die Stadt bereits 17 303 Einwohner, darunter 4 303 Militärangehörige. Bis 1910 explodierte die Einwohnerzahl auf 58 562, wovon 16 014 Angehörige der k. u. k. Marine mit ihren Familien waren.

Im „Pulaer Tagblatt" vom 17. Februar 1911 wurde die Anzahl der Arbeiter, die 1910 im Arsenal und im Konstruktionsbüro der Marine beschäftigt waren, mit 8 593 Mann angegeben. Da alle Einwohner zum österreichischen Kaiserreich gehörten, unterteilte man nicht nach Nationalitäten, sondern nach den **Sprachen,** in denen kommuniziert wurde. 1910 sprachen 4 211 der zivilen Einwohner Pulas Deutsch, 25 042 Italienisch, 1 705 Slowenisch, 6 771 Kroatisch und 310 „andere Sprachen". Heute ist Pula eine offiziell zweisprachige Stadt – man spricht Kroatisch und Italienisch.

In den frühen 1870er-Jahren entstanden endlich mehr Hotels und Gasthäuser und, typisch für eine Stadt, in der hauptsächlich Männer arbeiteten und lebten, auch jede Menge Bordelle. In der damaligen Tradonico-Straße beim Eingang des Arsenals fanden sich auf nur 150 Metern achtzehn

Bordelle und man kann sich gut vorstellen, wie viele Löhne hier versickert sind, während die Frauen zu Hause auf das Geld warteten, um ihre Kinder durchzubringen. Dies wurde schließlich zu einem derart großen Problem, dass sich die Frauen der Arsenalarbeiter organisierten und ihren Männern am Eingang des Arsenals geschlossen ihre Löhne abnahmen und sie nur mit einem Taschengeld zurückließen. Sechzig registrierte Bordelle gab es zu jener Zeit in Pula und die „farfalline notturne", die Nachtfalter, wie die Damen genannt wurden, kamen aus allen sozialen Schichten und Nationalitäten und mussten schon damals über Gesundheitszertifikate und Arbeitserlaubnisse verfügen.

Aber auch soziale Einrichtungen wie eine **Krankenkasse** für die Arbeiter der Marine und Schulen entstanden in den 1880er-Jahren in Pula. Die Marine unterhielt eine **Knaben- und eine Mädchenschule** sowie einen **Marinekindergarten** und eröffnete 1890 ein staatliches deutsches Gymnasium, dessen Gebäude heute als Archäologisches Museum genutzt wird.

Allzu zielstrebig hatte man Hafen und Verwaltungsgebäude aus dem Boden gestampft, auf Kultureinrichtungen jedoch weitgehend vergessen. Das gesamte Leben der Österreicher spielte sich rund um das **Marineviertel San Policarpo** ab und einzig die Konzerte der Marinekapellen, einige Male auch dirigiert vom Marinekapellmeister **Franz Lehár,** boten Abwechslung. Dies brachte Pula den Ruf als „Naval Siberia" – Sibirien der Seefahrt – ein, wie es der irische Schriftsteller James Joyce formuliert hat, der 1904/05 hier lebte und arbeitete.

Die **Entwicklung Pulas** vom kleinen Fischerdorf zu einer modernen Stadt war eine eindrucksvolle **Leistung der österreichischen Verwaltung.** Ende des 19. Jahrhunderts zählte Pula zu den wichtigsten und elegantesten Städten der Monarchie. Auch Thronfolger **Franz Ferdinand** hielt sich oft hier auf und forcierte die weitere Entwicklung des Hafens. 1917 fand der letzte Stapellauf eines U-Bootes in Pula statt, noch bis 1918 blieb es der wichtigste Marinestützpunkt der Monarchie.

Kräne in der Werft Uljanik

Eine der dunkelsten Stunden des Hafens, die gleichzeitig auch das

DAS SCHICKSAL DER VIRIBUS UNITIS

Das Kriegsschiff der sogenannten Tegetthoff-Klasse, die „Viribus Unitis" – benannt nach dem Wahlspruch („Mit vereinten Kräften") Kaiser Franz Josephs, der den Namen entgegen des üblichen Prozedere selbst ausgesucht hatte –, war der ganze Stolz der österreichischen Kriegsmarine. Mit seinen 160 Metern Länge und einer Verdrängung von 22 000 Tonnen wurde das Schiff am 20. Juni 1911 in Muggia vom Stapel gelassen und nahm seinen Dienst in der k. u. k. Marine auf, in der es während seines Einsatzes keine einzige ernsthafte Feindberührung haben sollte.

Im Hafen von Pula vor Anker liegend, hatte Vizeadmiral Miklós Horthy bereits am Abend des 31. Oktober 1918 die österreichische Flagge einholen lassen und das Schiff als neutral erklärt. Trotzdem brachten am 1. November 1918 zwei italienische Kampftaucher am Rumpf der Viribus Unitis einen Sprengsatz an, um das Schiff mit über 1000 Mann Besatzung an Bord zu sprengen. Durch diese Aktion starben nur drei Tage vor dem Unterzeichnen des Waffenstillstandes und zehn Tage vor dem offiziellen Ende des Ersten Weltkriegs knapp 400 junge Männer, unter ihnen auch der Kommandant des Kriegsschiffes, Janko Vuković-Podkapelski.

Italiens Ziel hinter dieser Aktion war die Verhinderung der für den nächsten Tag angesetzten Übergabe des Kriegsschiffs an das neu gegründete Königreich Jugoslawien. Dass das Schiff mit voller Besatzung gesprengt wurde, bleibt aus heutiger Sicht jedoch unbegreiflich. Viele Opfer der Viribus Unitis sind auf dem Marinefriedhof in Pula begraben, wo auch eine Gedenktafel an Podkapelski erinnert.

Sinkende „Viribus Unitis" im Hafen von Pula

Ende des österreichischen Pula einläuteten, war sicherlich der Untergang des k. u. k. Schlachtschiffs **„Viribus Unitis"**, das nur wenige Tage vor Ende des Ersten Weltkriegs in der Bucht von Pula vor Anker liegend mit voller Besatzung gesprengt wurde. Mit dem Ende des Ersten Weltkriegs am 11. November 1918 und dem **Vertrag von Saint Germain** 1919 fiel ganz Istrien inklusive Pula an Italien.

GRANDHOTEL RIVIERA

Pulas Grandhotel, auf dessen Spuren wir uns hier begeben, war das „Grandhotel Riviera", ein Projekt des Bauunternehmers und Financiers Jakob Ludwig Münz (1853–1930), der das Haus 1908 bei dem damals berühmten **Architekten Carl Seidl** (1858–1936) in Auftrag gab. Wenige Jahre vor Ausbruch des Ersten Weltkriegs war Pula eine pulsierende Stadt, in der sich unzählige ausländische Besucher, **Diplomaten und Offiziere** aufhielten, die nach einer entsprechend eleganten Unterkunft verlangten.

Seidl, ein österreichischer Architekt mit mährischer Herkunft, der auch Opatija seinen architektonischen Stempel aufdrückte, plante einen **eleganten Hotelbau** im Stil des Historismus mit üppiger neobarocker Dekoration. Betrachtet man das Gebäude in einer ruhigen Allee direkt vor einem großen Park in Bahnhofsnähe, fallen besonders die betonten Ecken auf, die an Türme erinnern und die im obersten Stockwerk mit einem dreifachen Bogenfenster und einer Kuppel abschließen. An der ganzen Länge des Bauwerks erstreckt sich im ersten Stock ein Balkon, auf dem man Mahlzeiten oder Getränke einnehmen konnte. Das zweite und dritte Stockwerk sind mit fünf Halbsäulen verbunden, der dritte und vierte Stock besitzen wieder einen Balkon mit aufwendiger Steinbalustrade.

Das ehemalige Grandhotel Riviera

Einige Jahre lang war das Riviera das **prächtigste und luxuriöseste Hotel** der Stadt, mit damals bevorzugter Bahnhofs- und Hafennähe. Es verfügte über 130 Zimmer und 40 Badezimmer, war ausgestattet mit einem eleganten Restaurant mit Wiener Küche und einem Kaffeehaus. Im ersten

Stock gab es einen großen Konzert- und Ballsaal, aber auch Annehmlichkeiten des täglichen Lebens wie ein Frisörsalon und ein Postschalter für Telegramme standen zur Verfügung. Eine besondere Attraktion waren die sonntäglichen Konzerte des Marine- oder Infanterieorchesters, die im Park direkt vor dem Hotel stattfanden, der auch heute noch erhalten ist und dessen damals frisch gepflanzten Bäume den Hotelbau heute schon fast überragen.

Verblasster Glanz: Das Ex-Grandhotel inmitten eines üppigen Parks

Das Grandhotel, erst 1909 fertiggestellt, verlor aber bereits 1914 mit Ausbruch des Ersten Weltkriegs wieder seine Gäste.

Das Grandhotel Riviera ist von allen ehemaligen k. u. k. Grandhotels dieser Reise mit Sicherheit jenes, das am meisten von seinem **Glanz eingebüßt** hat. Das Haus wird derzeit als Zweisterne-Gästehaus vom Hotelbetreiber „Arenaturist" geführt und auch, wenn Lobby, Speisesaal und die schöne Terrasse im ersten Stock noch den Glanz früherer Zeiten erahnen lassen, kann niemand schönreden, dass hier seit den 1970er-Jahren nichts mehr investiert wurde.

Wie bei vielen Gebäuden, die im Laufe der Zeit durch einige Regierungen gegangen sind, waren auch hier die Besitzverhältnisse zwischen dem jetzigen Betreiber und der Stadt Pula kompliziert. Eine Lösung scheint nah, denn es wird bereits über eine Renovierung gesprochen, die das Hotel in den nächsten Jahren auf das Niveau eines Vier- oder Fünfsternehauses heben soll. Dies lässt also hoffen, dass der Nachwelt das schöne Gebäude erhalten bleibt.

Wer Lust auf eine Zeitreise und genug Fantasie hat, in diesem Haus nachzuspüren, was es einmal war, dem sei dieses Hotel, das nur in den Sommermonaten geöffnet ist, durchaus empfohlen.

Guest House Riviera, Splitska 1, 52100 Pula
Tel. +385 52 211166
www.arenaturist.com/de/hotel/guest-house-riviera

DIE MÜNZHÄUSER UND DER BAHNHOF

Stattet man dem Hotel Riviera einen Besuch ab, bietet sich an, die gleich danebenliegenden sogenannten Münzhäuser, einstmals **Juwele des Jugendstils,** mitzunehmen. Nur 150 Meter vom Riviera entfernt in der damals eleganten Bahnhofstraße, der **Kolodvorska ulica** oder **Via della Stazione,** beginnt das ehemalige Münzviertel, in dem der Bauunternehmer **Jakob Ludwig Münz** in den Jahren 1904 und 1905 einige dreistöckige Jugendstilvillen errichten ließ. Architekten waren Enrico Polla und Virgilio Volpi. Jede dieser Villen besaß 14 **hübsche Appartements** mit fließendem Wasser, Badezimmern sowie elektrischen Installationen. Die Wohnungen wurden sofort nach Fertigstellung zumeist von Marineoffizieren gekauft.

Jakob Ludwig Münz, Steinbruchbesitzer und Aktionär der Wiener Firma Wrede, die im damaligen **Pola** die Straßenbahn sowie die Verbindungsstraße nach Fiume (heute Rijeka) baute, wird uns in Opatija wieder begegnen, wo er sich eine der schönsten Jugendstilvillen der gesamten Adriaküste erbauen ließ.

Auch Pulas **Bahnhof,** nur wenige Meter von hier, stammt aus der österreichischen Zeit. Wenn auch kein besonderer Bau, zeigt er noch gut, wie man damals ankam. Die heute nicht mehr genutzten Gleise, die von hier direkt ins Arsenal führten, sind nach wie vor zu sehen. Pula bekam erst recht spät, 1876, einen Anschluss an die seit 1857 bestehende Südbahnverbindung Wien–Triest. Diese alte Bahntrasse zwischen Triest und Pula, die **Istrianerbahn,** ist noch in Betrieb und bekannt für die schöne Karstlandschaft, die sie durchquert.

Münzhäuser (oben) und Bahnhof

Ab 1903 gab es in Pula zwei **elektrische Straßenbahnen:** Eine Linie führte dem Meer entlang am Arsenal vorbei zum Wohnviertel der Marineangehörigen, San Policarpo, und eine durch die Altstadt. Sie blieben bis 1934 in Betrieb und wurden dann durch **Buslinien** ersetzt.

Bahnhof Pula, Kolodvorska ulica

DAS PULA DER K. U. K. MONARCHIE

Wenn man mit dem Auto in Pula einfährt, wird man an der Riva unübersehbar vom hässlichsten Plattenbau der Stadt begrüßt. Dabei ist dies die Vorderseite der ehemaligen **k. u. k. Infanteriekaserne** an der Riva, Kreuzung Ulica Svetog Ivana. Während die Frontseite im Zweiten Weltkrieg zerstört und in den 1960er-Jahren durch einen Plattenbau ersetzt wurde, sind die beiden Seitentrakte der früher dreistöckigen Kaserne, die um 1870 auf den Resten eines ehemaligen Venustempels errichtet worden war, erhalten geblieben. Im hinteren Teil des Grundstücks finden Ausgrabungen statt, die auch besichtigt werden können.

1
DOM ZU PULA/ KATEDRALA UZNESENJA BLAŽENE DJEVICE MARIJE

Pulas bedeutendste Kirche, **Maria Himmelfahrt,** liegt direkt an der Riva und auch wenn sie nicht aus der österreichischen Zeit Pulas stammt, ist es sinnvoll, sie an dieser Stelle zu besichtigen. Der älteste Teil des Doms stammt bereits aus dem 4. Jahrhundert, 1242 wurde die Kirche durch die Venezianer niedergebrannt, danach wieder aufgebaut, renoviert und ständig erweitert, was erklärt, warum sie so zusammengewürfelt aussieht. Der frei stehende Turm kam erst in den Jahren 1671 bis 1707 dazu und wurde aus Steinblöcken erbaut, die dem Amphitheater entnommen wurden.

Dom zu Pula

Das **Innere des Doms** blieb über die Zeit spartanisch, es gibt links und rechts einen Säulengang und das Kirchenschiff bedeckt eine schöne Holzdecke. Im Altarraum sieht man ein Mosaik aus dem 5. und 6. Jahrhundert, das in seiner Inschrift teilweise noch die Namen der Spender enthält. Auf der dem Meer abgewandten Seite gibt es einen kleinen Klostergarten.

Trg Svetog Tome 2, 52100 Pula

2

STABSGEBÄUDE/ CORSO

Direkt neben dem Dom erhebt sich ein prächtiges, neoklassizistisches Gebäude, dem man seine **geschichtliche Bedeutung** für den Hafen sofort ansieht. Es handelt sich um das 1861 erbaute, ehemalige Stabsgebäude mit den Büros einiger k. u. k. Behörden und der Dienstwohnung des Hafenadmirals. Heute untersteht es dem kroatischen Militär und kann daher nur von außen besichtigt werden. Daneben befand sich das einstmals feinste Café der Stadt, das Miramar, das leider nicht mehr erhalten ist.

Riva 6, 52100 Pula

3

ARSENAL

Gegenüber dem Stabsgebäude sieht man das Kernstück des ehemaligen Kriegshafens, das Konstruktionsarsenal, die heutige **Uljanik-Werft,** deren Name noch an die frühere Nutzung der Insel als Olivenplantage erinnert.

Mit dem Bau der Werft wurde 1856 begonnen: Anlässlich der Grundsteinlegung am 9. Dezember, die von Kaiser Franz Joseph und Kaiserin Elisabeth feierlich begleitet wurde, wurde Erzherzog Maximilian zum Vizeadmiral ernannt. Das damalige Gelände teilte sich stadtauswärts in drei Zonen: das damals über eine schöne Stahlbrücke zu erreichende **Konstruktionsarsenal** (Oliveninsel), den direkt dahinter liegenden **Kriegshafen** und das **Ausrüstungsarsenal.**

Die frühere Hafenadmiralität

Auf der Oliveninsel befanden sich Werkstätten, Schwimmdocks und zwei Schiffsbauhallen. Das erste Trockendock wurde 1870, das zweite 1883 fertig gestellt. Über 50 Schiffe und U-Boote wurden in der österreichischen Zeit hier vom Stapel gelassen.

Das Arsenal liegt auf teilweise aufgeschüttetem Boden zwischen der **Arsenalska ulica,** der ehemaligen Via San Policarpo, und verläuft bis zur **Fižela ulica.** Innerhalb des Arsenals stand die **Hafenadmiralität,** auf die man heute noch einen Blick an der Flaciusova ulica werfen kann. Die Hafenadmiralität, erbaut von Anton Zeman, war damals die oberste Marinebehörde, leitete den Marinebetrieb sowie die Militär-, Justiz- und Rechnungsabteilung.

Zwischen der Oliveninsel und dem Ausrüstungsarsenal lagen die vertäuten Reserveschiffe, die teilweise mit voller Besatzung sofort oder zumindest innerhalb von 48 Stunden einsatzbereit sein konnten. Im Ausrüstungsarsenal entlang der Küste waren die **Werkstätten** zur Herstellung von Masten und Segeln, Tischlereien und Montagewerkstätten mit Kränen untergebracht. Der damalige Schwimmkran des Arsenals wurde als der größte der Welt gerühmt und hatte eine Tragkraft von 250 Tonnen. Es wurde eine Eisengießerei betrieben und 52 Dampfkessel und 32 Dampfmaschinen sorgten dafür, dass das Arsenal rund um die Uhr über Energie verfügte.

Alle wichtigen Positionen im Arsenal und der Hafenbehörde waren mit österreichischen und deutschen Marineoffizieren besetzt, allerdings arbeiteten auch 113 zivile Ingenieure in verantwortungsvollen Positionen, die lediglich bei der Marine angestellt waren. Ein Großteil der Arsenalarbeiter waren Italiener und Kroaten, doch insgesamt arbeiteten hier viele Nationalitäten, und alle wurden salopp unter dem Begriff „Arsenalotti" zusammengefasst. Die höherqualifizierten Arbeiter unter ihnen hatten schon damals Anspruch auf eine Pensionszahlung. Gearbeitet wurde bis zu 10 Stunden am Tag.

Die Uljanik-Werft hat bis heute überlebt und ihre **acht markanten Kräne** bilden sozusagen die Skyline des modernen Pula. Es gab Überlegungen, die Werft aus dem Stadtbild zu verbannen, jedoch entschied man sich stattdessen, dieses **industrielle Erbe** bewusst in Szene zu setzen. Täglich zur vollen Stunde nach Sonnenuntergang werden die massiven Kräne mit einer vom kroatischen Lichtdesigner Dean Skira entworfenen **Lichtinstallation** angestrahlt, um so an die Geschichte der Werft zu erinnern.

4 MARINEKASINO UND MILITÄRBIBLIOTHEK/ DOM HRVATSKIH BRANITELJA

Das Marinekasino ist eines der Highlights des k. u. k. Erbes in Pula. Es besticht nicht nur durch die schöne Architektur, es ist auch gewissermaßen noch in Betrieb. Zwar nicht im ursprünglichen Sinne, aber das Gebäude kann teilweise besichtigt werden und man kann, zumindest in der warmen Jahreszeit, im Garten eine Erfrischung zu sich nehmen und das Ambiente genießen.

Das **Marinekasino,** wie wir es heute hier sehen, wurde vom Architekten Ludwig Baumann (1853–1936) entworfen, der auch das Wiener Kriegsministerium und das Konzerthaus erbaut hat. Dieses „Neue Marinekasino" steht auf dem Platz des früheren, 1910 abgerissenen und viel bescheideneren alten Marinekasinos, das 1870 vom Architekten Friedrich Adam auf Geheiß **Admiral Wilhelm von Tegetthoffs** erbaut worden war. Es diente als dringend benötigter Ort für Kulturveranstaltungen und kommunikativen Austausch unter den Angehörigen der k. u. k. Marine. Im alten Kasino, das am 2. März 1872 eröffnet wurde, dirigierte zwischen 1894 und 1896 auch mehrere Male **Franz Lehár** in seiner Funktion als Marinekapellmeister.

Marinekasino, Entree

Nach vierzig Jahren entschied man sich für den Bau eines neuen und wesentlich größeren Marinekasinos, da das alte zu wenig repräsentativ und auch zu klein für die mittlerweile 6 000 hier lebenden Marineangehörigen geworden war. Der **Neubau,** der 2 Millionen Kronen kostete, wurde zwischen 1910 und 1913 unter großem Interesse des Thronfolgers Franz Ferdinand mit dem Architekten Ludwig Baumann realisiert. Man leistete sich eine breite Protokollauffahrt und einen eleganten Eingangsbereich, eine große Gartenterrasse und natürlich einen prachtvollen Ballsaal mit Orchesterbühne und Galerie. Der Saal war für 1 000 Gäste ausgelegt und allein im Jahr 1914 wurden hier 167 Konzerte, davon 10 Symphoniekonzerte, gegeben. Im Obergeschoß waren die Offiziersmesse sowie Rauch- und Schreibzimmer untergebracht.

Besucher des neuen Marinekasinos waren unter anderem **Kaiser Karl I. und Kaiser Wilhelm II.** Kaiser Franz Joseph, der Pula im Jahr 1902 das letzte Mal besuchte, kannte lediglich das alte Marinekasino.

Nach dem Ersten Weltkrieg, in der italienischen Zeit Pulas, war das Marinekasino Sitz der Lokalverwaltung, in den 1950er- und 1960er-Jahren, unter jugoslawischer Führung, gab es im Nordflügel ein Kino. Heute kann man das ehemalige Marinekasino, das vom Verteidigungsministerium verwaltet wird, für **Veranstaltungen,** Hochzeiten und Kongresse buchen.

Im Obergeschoß befindet sich nach wie vor die **Militärbibliothek** des Verteidigungsministeriums und die **Marinebibliothek,** die aus der ehemaligen

k. u. k. Marinebibliothek hervorging, die seinerzeit von Venedig hierher übersiedelt worden war. Sie ist heute wieder öffentlich zugänglich.

Die schöne Villa neben dem Marinekasino in der Arsenalska ulica 1 ist die **Villa Monai,** in der sich früher die Mitglieder des „k. u. k. Yachtclubs" trafen.

Leharova ulica 1, 52100 Pula
Marinebibliothek: Öffnungszeiten Montag bis Freitag 12–16 Uhr

5 MARINEKIRCHE MADONNA DEL MARE/ MORNARIČKA CRKVA GOSPA OD MORA

Vom Marinekasino über die **Arsenalska ulica** und die **Bečka ulica** kommt man nach circa einem Kilometer zur Marinekirche. **Admiral Maximilian Daublebsky von Sterneck** (1829–1897) nahm sich der Finanzierung an, da sich die Angehörigen der Marine eine eigene Garnisonskirche wünschten. Tatsächlich gingen genug Spenden ein, um mit dem Bau zu beginnen, und am 28. Juni 1891 erfolgte unter der Anwesenheit von **Kaiser Franz Joseph** die Grundsteinlegung zur „Garnisonskirche Unserer Lieben Frau vom Meere".

Die Pläne stammten von den Architekten **Victor Luntz** (1840–1903) und dem zu Baubeginn bereits verstorbenen **Friedrich Freiherr von Schmidt** (1825–1891), der auch das Wiener Rathaus erbaute. Mit der Umsetzung wurde Natale Tommasi (1853–1923) aus Trient beauftragt, der mit ständig neuen Ideen den Bau derart verteuerte, dass von Sterneck gezwungen war, neue Spendengelder aufzustellen. Der ganze Bau schrammte mehrmals am Stillstand vorbei, da immer wieder das Geld ausging. 1896 verhinderte Baronin Reinelt aus Triest mit ihrer Spende das Schlimmste.

Marinekirche

Admiral von Sterneck verstarb, kurz bevor seine Kirche fertiggestellt wurde und der Kaiser selbst stellte schließlich die Geldmittel zur Verfügung, um die Kirche zu seinem 50-jährigen Thronjubiläum am 2. Dezember 1898 einweihen zu können. Admiral von Sterneck wurde auf seinen testamentarischen Wunsch hin nach Pula überführt und in der Marinekirche beigesetzt.

Die Kirche hat ein aufwendig gestaltetes Portal, das von zwei Fabelwesen mit **Löwenkopf und**

Fischkörper bewacht wird, die jeweils vier Säulen tragen, welche wiederum das Vordach stützen. Der Löwe symbolisiert Stärke und Furchtlosigkeit, der Fisch die Verbundenheit zum Meer. Die Säulen sind in einem unlösbaren Seemannsknoten verwoben. In der **Apsis** findet sich ein goldenes Mosaik, das die Heilige Muttergottes zeigt, die schützend ihre Arme über der Garnisonskirche ausbreitet. Die Kirche wurde lange als Privatkirche der Marine geführt und kam erst 1923 unter die Jurisdiktion des Heiligen Stuhls.

Ulica Rikarda Katalinića Jeretova 12, 52100 Pula

6

K. U. K. MARINE-FRIEDHOF/ MORNARIČKO SPOMEN GROBLJE

Von der Marinekirche einen knappen Kilometer **stadtauswärts in Richtung Stoja** liegt der k. u. k. Marinefriedhof, ein berührendes und wirklich sehenswertes Zeugnis Pulas österreichischer Vergangenheit.

Am Eingang empfängt den Besucher eine dreisprachige **Marmortafel.** Sie ist eine Erinnerung daran, dass der Friedhof gegen Ende der 1980er-Jahre beinahe planiert worden wäre, was vom österreichischen Schwarzen Kreuz, das sich sehr für den Erhalt des Friedhofs eingesetzt hat, verhindert werden konnte.

Eingeweiht wurde der damals 4 000 Quadratmeter große Friedhof am 2. Oktober 1862. Im Laufe der Zeit wurde er mehrfach erweitert und heute hat er eine Fläche von 22 000 Quadratmetern. Geschätzte **80 000 Menschen** sollen hier begraben liegen, darunter auch zahlreiche Tote des Zweiten Weltkriegs und Opfer der verheerenden Grippewelle von 1918/19.

Marinefriedhof mit Kapelle

Was bei einem Spaziergang über den Friedhof auffällt, sind die verschiedenen **Nationalitäten, militärischen Ränge und Weltreligionen,** die in Form der Gräber nebeneinander ihren Platz finden. In der k. u. k. Marine war der freie Umgang mit Religionen – ein Erbe der Toleranzedikte Josephs II. – eine Selbstverständlichkeit. Ebenso mischen sich pompöse Gräber mit ganz einfachen Grabsteinen. Viele Inschriften sind auf Deutsch und zollen dem

Neben den Gräbern hoher Militärs findet man auch das schlichte Grab des Seekadetten **Josef Serda von Teodorski,** geboren am 10. Oktober 1900. Er diente als junger Kadett auf der Szent István, dem damals hochmodernen, 60 Millionen Kronen teuren Schlachtschiff der k. u. k. Marine und bezahlte diesen Einsatz mit seinem Leben.

Die Szent Istvan, benannt nach dem ungarischen **Nationalheiligen König Stefan,** lief am 17. Jänner 1914 nach zwei Jahren Bauzeit in Fiume (heute Rijeka) vom Stapel und sank nach 937 Tagen im Dienst auf ihrem ersten Einsatz.

Das Schiff, das nur 54 Tage auf kurzen Übungsfahrten, aber beinahe **900 Tage im Hafen** von Pola liegend verbracht hatte, sollte am 9. Juni 1918 die sogenannte **Otranto-Sperre** zwischen der Adria und dem Ionischen Meer durchbrechen. Schon bei ihrem Auslaufen blieb sie beinahe in den Sperrnetzen des Hafens hängen, die man vergessen hatte zu öffnen, ein schlechtes Omen, das wertvolle Zeit und den Schutz der Nacht kostete.

Der italienische Korvettenkapitän **Graf Luigi Rizzo,** im Morgengrauen mit seinem Torpedoboot, einer MAS 15, unterwegs bei Premuda vor der Insel Zadar, bemerkte eher zufällig die Rauchschwaden, die die frisch verladene, noch feuchte Kohle der Szent István hinterließ. Um 3:15 Uhr schickte er zwei Torpedos los, die unterhalb der Panzerung auf Höhe der Kesselräume einschlugen.

Über zwei Stunden versuchte man, das Schiff zu retten, was jedoch nicht gelang. Damals gab es noch keine Rettungsroutinen, wie wir sie heute kennen, viele Matrosen konnten nicht schwimmen, jeder blieb sich selbst überlassen, sprang ins Wasser oder versuchte so lange wie möglich an Bord zu bleiben.

Das **Schwesterschiff Tegetthoff** mit Marinekommandant Horthy und dem Reichsreporter Egon Erwin Kisch an Bord eilte der Szent István zu Hilfe. Um 6:05 Uhr kenterte die 22 000 Tonnen schwere Szent Istvan und sie ging innerhalb weniger Minuten unter.

Ein unglaubliches und einmaliges Zeitdokument entstand durch das Kamerateam des Reporters Kisch. Es zeigt die **Matrosen der Szent István,** die an Deck des bereits stark krängenden Schiffs auf die längst überfällige Erlaubnis warten, das Schiff verlassen zu dürfen. Viele retteten sich erst kurz vor dem Überrollen des Schiffs mit einem Sprung ins Wasser. Von den 1098 Männern Besatzung überlebten 1009, was nur der Tatsache zu verdanken ist, dass sich die Tegetthoff in unmittelbarer Nähe befand und die im Meer treibenden Menschen einsammeln konnte.

Verstorbenen mit detailreichen Worten Respekt ob seiner „letzten" Pflichterfüllung unter oft dramatischen Umständen.

Auch **damalige Feinde** fanden Platz auf dem Friedhof, wie die drei Matrosen des französischen U-Bootes „Curie", das am 20. Dezember 1914 in den Hafen von Pula vordrang und an den unter Wasser gespannten Sperrnetzen hängen blieb. An die beim darauffolgenden Beschuss umgekommenen Männer erinnert eine Gedenktafel.

Zwölf österreichisch-ungarische Admirale und um die dreihundert italienische und deutsche Soldaten, Opfer der versenkten Kriegsschiffe **Viribus Unitis** und **Szent István** sowie die Opfer des Untergangs der **Baron Gautsch,** fanden hier ihre letzte Ruhe. An den Kommandanten der Viribus Unitis, den **k. u. k. Linienschiffskapitän Janko Vuković-Podkapelski** erinnert eine besondere Inschrift auf der Kapelle des Friedhofs. Weitere Österreicher, die hier ihre letzte Ruhe fanden, sind etwa Richard Mitis von Banfield, k. u. k. Linienschiffskapitän und Vater des „Adlers von Triest" Gottfried von Banfield, sowie **August von Trapp,** Vater des berühmten singenden Leutnants Georg Ludwig von Trapp.

Grab eines 1918 gefallenen Offiziers der osmanischen Armee

Ebenfalls hier bestattet ist der italienische Marineoffizier und Irredentist **Nazario Sauro** (1880–1916), an den ein bescheidener grün-weiß-roter Stein erinnert. Geboren als **österreichischer Staatsbürger in Istrien,** setzte er sich für den Anschluss an Italien ein. Im Ersten Weltkrieg kämpfte er in der italienischen Marine und als sein U-Boot „Pullino" am 30. Juli 1916 auf Grund lief, wurde er von Österreich gefangen genommen und am 10. August in Pula zum Tod durch den Strang verurteilt. In Italien gilt Nazario Sauro als Nationalheld und unzählige Straßen, Plätze und Schulen, sowie eine U-Boot-Klasse wurden nach ihm benannt.

Das letzte Begräbnis eines k. u. k. Soldaten am Marinefriedhof Pula fand am 31. Oktober 1918 statt. Der Friedhof steht heute auf der Liste der Haager Konvention zum **„Schutz von Kulturgut bei bewaffneten Konflikten"** und ist ein berührender und teilweise auch pittoresk anmutender Zeuge seiner Zeit.

Stoja 14, 52100 Pula

7 VILLENVIERTEL ULICA PINA BUDICINA

Einen kleinen Eindruck von den Villen, in denen die hochrangigen Marineoffiziere mit ihren Familien wohnten, bekommt man in der Ulica Pina Budicina, der „österreichischen Villenstraße", die zum damals neu entstandenen **Marineviertel San Policarpo** gehörte. Hinter hohen Mauern und alten Bäumen kann man heute noch die eine oder andere einst prachtvolle Villa sehen.

In der Ulica Pina Budicina Nr. 11 sieht man die Villa des **U-Boot-Kommandanten Georg Ludwig von Trapp,** der hier mit seiner ersten Frau Agathe Whitehead wohnte und später als Vater der singenden Trapp-Familie Karriere machte. Die **Trapp-Villa** liegt ein wenig zurückgesetzt und ist am besten von der Rückseite zu besichtigen. Jedoch gilt für sie wie für alle anderen Villen: Sie sind in Privatbesitz und beherbergen heute zumeist mehrere Wohnungen, wodurch es kaum mehr möglich sein wird, eine dieser Villen im Originalzustand zu erhalten oder für eine Besichtigung freizugeben.

Villa Horthy

Auf Hausnummer 13 findet sich die architektonisch interessanteste Villa des Viertels, die **Admiral Nikolaus Horthy** gehörte, dem letzten kommandierenden Admiral der österreichischen Flotte im Ersten Weltkrieg. Die Villa Horthy ist, wenn auch in einem äußerst desolaten Zustand, eine spannende Mischung aus Deutscher Gotik, Renaissance und alpenländischen Einflüssen. Mit ihrem Turm wirkt sie wie ein kleines verwunschenes Märchenschloss.

Villa Trapp

In unmittelbarer Nachbarschaft finden sich einige weitere Villen, die an die stolze österreichische Zeit Pulas erinnern, aber leider oft hinter hohen Mauern und großen Gärten verborgen sind.

Villenviertel Ulica Pina Budicina oder Budicinova ulica, 52100 Pula

Sommerliches Römerfest

Sinnbild der römischen Vergangenheit: Amphitheater

DAS RÖMISCHE PULA

Das heutige Pula ist in erster Linie für seine römische Vergangenheit bekannt – und das zu Recht. In **Pulas Altstadt** erinnert fast jeder Stein an diese Wurzeln und die Stadtregierung tut viel, um das Erbe zu erhalten. Restaurants, Cafés und hübsche Geschäfte runden einen Spaziergang durch Pulas Altstadt ab.

Die Region um Pula war bereits 1000 v. Chr. durch den illyrischen Volksstamm der **Histrier** besiedelt, der auch Namensgeber für das heutige Istrien ist. Die Histrier galten als geschickte Seefahrer und Piraten und unterhielten gute Handelsbeziehungen zu den Griechen. Ihr einzig namentlich überlieferter König war Epulo, ein laut römischer Beschreibung wilder und harter Kämpfer, der 178 v. Chr. die Verteidigung Histriens gegen die Römer anführte.

Als der römische Konsul Aulus Manlius Vulso nach langer Belagerung der Hauptstadt **Nesactium** Epulo und seine Krieger besiegte, begingen er und viele seiner Landsleute Selbstmord, um der römischen Sklaverei zu entgehen. Die Stadt Nesactium ist heute unweit von Pula als Ausgrabungsstätte und kleiner archäologischer Park bei **Vižače/Valtura** zu besichtigen.

Nach dem römischen Sieg wurde die istrische Halbinsel zu „Illyricum" und in Pula entstand der Militärstützpunkt „Colonia Iulia Pollentia Herculanea", ein wichtiger römischer Handelsposten und Flottenstützpunkt. Dies mag erklären, warum die Römer hier ihr sechstgrößtes Amphitheater erbauten.

Nach dem Ende des Römischen Reiches im Jahr 476 wurde es ruhig um Pula. Es fiel unter die Herrschaft der Ostgoten und erst im 6. Jahrhundert wurde es wieder zu einem Flottenstützpunkt für die Byzantiner. Pula konnte sich bis zum Ende des 8. Jahrhunderts als unabhängige Stadt im Oströmischen Reich behaupten und erst nach dessen Niedergang brauchte es einen neuen Verbündeten, den es 1150 mit **Venedig** fand. Im Gegenzug für den Schutz verpflichtete sich Pula zur Ausrüstung von venezianischen Schiffen.

Ende des 13. Jahrhunderts baute sich Pula mit Unterstützung des **Patriarchen von Aquileia** und der vermögenden römischen Patrizierfamilie der Sergier eine fast selbstständige Verwaltung auf, bis es 1331 erneut unter die Herrschaft des mächtigen Venedig fiel. Doch die Serenissima duldete keinen zweiten erfolgreichen Hafen unter ihrer Verwaltung und als Pula 1797 mit dem **Ende der Republik Venedig** an die Österreicher fiel, war die Stadt bereits in Bedeutungslosigkeit versunken.

Heute ist Pula eine verkehrsreiche und geschäftige Stadt. Um die Altstadt zu besichtigen, die sich rund um den Stadthügel schmiegt, stellt man sein Fahrzeug am besten an der Riva, der Uferpromenade, oder auf dem **Parkplatz Karolina beim Amphitheater** ab (trg Nimfeja).

Ein schöner Spaziergang führt vom Amphitheater über die **Kandlerova ulica** zum Forum mit dem Augustustempel und weiter über die Ulica Sergijevaca zum **Sergierbogen.**

8 AMPHITHEATER/ AMFITEATAR

An der Errichtung von Pulas Wahrzeichen, dem Amphitheater, waren einige römische Kaiser beteiligt. In den Jahren 2 bis 14 n. Chr. errichtete **Kaiser Augustus** zunächst einen Holzbau, auf den **Kaiser Claudius** ein Steintheater setzen ließ. 79 n. Chr. wurde dieses von **Kaiser Vespasian,** der auch das Kolosseum in Rom erbauen ließ, vergrößert und erst sein Sohn **Titus** konnte den Bau schließlich im Jahr 81 zu seiner heutigen Größe vollenden. Es heißt, das Theater war Antonia Caenis, der aus Pula stammenden Geliebten Vespasians, gewidmet. Gleichzeitig wurde vom eifrigen Bauherrn Vespasian auch die Via Flavia, die Verbindungsstraße von Pula nach Triest und Aquileia, angelegt.

Amphitheater

Das Amphitheater ist als Oval von 132 x 105 Metern angelegt und fasste seinerzeit 23000 Besucher. Dies zeigt den krassen Unterschied zwischen der **wirtschaftlichen und politischen Bedeutung Pulas** im Römischen Reich und seinem verlassenen Zustand, als 1797 die Österreicher herkamen.

Das Theater besteht aus weißem Kalkstein und hat zwei übereinander angeordnete Arkadenreihen mit je 72 Bögen. Die obere Abschlussreihe hat 64 rechteckige Fenster. Da das Theater in einer Hanglage erbaut wurde, fehlen in der hinteren unteren Bogenreihe 32 Bögen und die dem Meer zugewandte Seite ist wesentlich höher. Sie erreichte früher stolze 32,45 Meter.

Die Römer veranstalteten hier **Gladiatorenkämpfe und Seeschlachten,** aber auch öffentliche Prozesse und Hinrichtungen früher Christen. Im Mittelalter diente die Arena als **Marktplatz** oder als Austragungsort für **Ritterturniere.** Die Sitzbänke aus Stein, die heute leider nicht mehr vorhanden sind, mussten wie so manch anderes römisches Überbleibsel als billiges Baumaterial für die Häuser der Stadt herhalten. In der k. u. k. Zeit war das Amphitheater in erster Linie ein beliebtes Postkartenmotiv.

Heute wird die Arena für verschiedene Events, **Konzerte,** Opernaufführungen, aber auch für Römerfeste genutzt und bietet 5 000 Zuschauern Platz. Unter der ehemaligen Kampfarena wird eine Dauerausstellung zum Thema Wein- und Olivenanbau in Istrien gezeigt.

Flavijevska ulica, 52100 Pula
Tel. +385 52 219028, Eintritt: 50 Kuna, Kinder 25 Kuna

9 FORUM

Das Forum, auch Piazza Foro, ist der schöne Hauptplatz der Altstadt, auf dem zwei wichtige Sehenswürdigkeiten, das **Rathaus** und der **Augustustempel,** stehen. Das Forum wurde vor circa 2000 Jahren von den Römern nicht in der Stadtmitte angelegt, sondern in Meeresnähe unterhalb des besiedelten Stadthügels. Damals rahmten drei Tempelanlagen den Platz ein, von denen heute nur noch der Augustustempel erhalten ist.

10 TEMPEL DES AUGUSTUS/ AUGUSTOV HRAM I FORUM U PULI

Unübersehbar thront der Augustustempel mit seinen sechs Säulen im Nordwesten des Platzes. Erbaut wurde der der Göttin Roma geweihte Tempel in den Jahren 2 bis 14 n. Chr.

vom damals regierenden Kaiser Augustus. Ursprünglich gab es noch zwei Tempelanlagen.

Forum mit Augustustempel und Rathaus

Das **Viereck des erhaltenen Tempels** besteht aus einem geschlossenen Raum mit Entree. Die vier Säulen an der Vorderseite mit je einer abschließenden Säule zum Gebäude hin sind aus Marmor und enden in korinthischen Kapitellen. Über den Säulen steht ein Epistyl mit einem aufwendig verzierten Fries, das die Inschrift „Romae et Avgusto Caesari Divi Filio Patri Patriae" – „Für Rom und Augustus, Sohn des göttlichen Cäsars, Vater der Heimat" trägt. Darüber liegt ein Dreiecksgiebel mit einem Medaillon. Der Tempel ist beispielgebend für die frühkaiserliche **römische Baukunst** mit hellenistischen Einflüssen.

Das Schicksal des Augustustempels war wechselhaft, dennoch hat er es bis in unsere Zeit geschafft. Nach den Römern diente er als christliche Kirche sowie als Getreidespeicher und bereits im 19. Jahrhundert als kleines Museum für römische Statuen und Steindenkmäler, die in der Stadt und ihrer Umgebung gefunden wurden. Im Krieg 1944 wurde er vollständig zerstört, konnte aber bereits 1947 wieder aufgebaut werden. Heute dient er als **Lapidarium** und wacht seit eindrucksvollen 2000 Jahren über den Platz.

Öffnungszeiten Lapidarium: Montag bis Freitag 9.30–13.30 und 17–20 Uhr, Eintritt: 10 Kuna

11 RATHAUS/ GRADSKA VIJEĆNICA

Unmittelbar neben dem Tempel befindet sich das Rathaus mit seinem **schönen Bogengang.** Es stammt aus dem Jahr 1296 und die damals noch erhaltene Rückwand des Dianatempels, der sich vorher an dieser Stelle befand, wurde in den Bau integriert und ist sogar noch zu sehen. Das Rathaus wurde nach einem Brand im 17. Jahrhundert erneuert und durch ständige Erweiterungen mischen sich verschiedene Architekturstile von der Renaissance bis zur Romantik durcheinander. Die Säulen stammen aus der Renaissance, während die Fenster erst später „barockisiert" wurden. Bis 1908 hatte das Rathaus sogar einen Giebel mit Glockenturm, der allerdings nach einem Umbau wieder abgetragen wurde. Das Rathaus ist **Sitz des Bürgermeisters** von Pula.

12

MOSAIK DER BESTRAFUNG DIRKES/ MOZAIK KAŽNJAVANJA DIRKE

Die schöne Antiope, nach dem Tod ihres Vaters am Hof des Königs Lykos von Theben aufgenommen, hatte sich in Zeus verliebt und gebar ihm Zwillinge, Amphion und Zethos. Die Gattin König Lykos', Dirke, eine eher missgünstige Dame, sperrte Antiope in den Keller und vertrieb ihre Zwillinge in die Wälder, wo ihnen Zeus aus Barmherzigkeit einen Schäfer als Ziehvater zur Seite stellte. Nach vielen Jahren trafen sich Antiope und ihre Söhne auf einem Fest wieder und Dirke, überzeugt, die Söhne würden ihre Mutter nicht wiedererkennen, befahl den jungen Männern, Antiope an die Hörner eines Stiers zu binden, um sie zu Tode zu schleifen. Doch der alte Schäfer klärte die Verwandtschaftsverhältnisse auf und die böse Dirke landete selbst an den Hörnern des Stiers.

Genau dieser Moment, in dem die Zwillinge Dirke an den Stier fesseln, ist auf dem **Mosaik** festgehalten, das es hier in der Altstadt zu sehen gibt. Dies ist beachtenswert, weil das **Thema der griechischen Mythologie** nur äußerst selten dargestellt wurde. Tatsächlich sind bisher nur zwei weitere „Bestrafungen Dirkes" bekannt, eine in Neapel („Farnesischer Stier") und eine weitere in den Vatikanischen Museen.

Ebenso unglaublich ist die Geschichte der **Entdeckung** des Mosaiks. Man fand es in der Nähe der **Kirche der heiligen Maria Formosa,** als man nach einem Bombenangriff im Zweiten Weltkrieg den Schutt wegräumte. Das Mosaik wurde konserviert und es ist heute an genau der Stelle zu besichtigen, an der es im 2. oder 3. Jahrhundert als Fußboden einer römischen Villa diente. Es besteht aus zwei Teilen mit 40 Feldern und misst 65 Quadratmeter. Der rechte, kleinere Teil ist in Sechsecke mit zweifarbigem Flechtband unterteilt, der linke Teil besteht aus neun ungleichen Rechtecken, in deren Mitte die Darstellung der Bestrafung Dirkes steht. Das Mosaik ist nicht ganz einfach zu finden und befindet sich etwas versteckt im Hof eines Wohnhauses.

Ulica Benediktinske opatije 13, 52100 Pula

13

KIRCHE DER HEILIGEN MARIA FORMOSA/SVETA MARIJA FORMOZA

Die Kirche der heiligen Maria Formosa stammt aus dem 6. Jahrhundert. Erbaut wurde sie von dem in Pula geborenen Erzbischof von Ravenna, **Maximianus** (499–556), bekannt als eifriger Bauherr und Restaurator vieler früher Kirchen.

Von der einstigen Basilika Maria Formosa blieb leider nur die **südliche Kapelle** erhalten, während die nördliche zum großen Teil in die benachbarten Wohnhäuser integriert wurde, ebenso die nördliche Mauer, die heute als Gartenmauer des Nachbargrundstückes dient. Der Grundriss der Kapelle hatte die Form eines griechischen Kreuzes, die Basilika war früher dreischiffig. Das Äußere der Kirche war mit Blindbögen und Bogenfenstern sehr schlicht gehalten. 1242 fiel sie einem Brand zum Opfer, ein großer Teil des Kircheninventars wurde von den Venezianern mitgenommen und findet sich heute in der Bibliothek des heiligen Markus in Venedig. Seit dem 16. Jahrhundert ist die Kirche verlassen.

Kirche Maria Formosa

Flaciusova ulica, 52100 Pula

14 SERGIERBOGEN/ SLAVOLUK SERGIJEVACA

Ein weiteres **Wahrzeichen Pulas** ist zweifellos der in den Jahren 29 bis 27 v. Chr. errichtete Triumphbogen der **Sergier,** der Ehrenbogen für die drei Brüder aus der mächtigen römischen Familie der Sergier, die in der Schlacht von Actium um 31 v. Chr. fielen.

Ihre Schwester **Salvia Postuma Sergia** beauftragte den Bau zum Andenken an ihre Brüder mit ihren privaten Geldmitteln, was bemerkenswert ist, da Triumphbögen sonst immer aus staatlichen Mitteln finanziert wurden.

Der Bogen ist 8 Meter hoch und im korinthischen Stil mit hellenistischen Schmuckmotiven erbaut. Während die **Westseite** sehr prunkvoll ausgestaltet wurde, ist die **Ostseite** deutlich bescheidener ausgefallen, was daran lag, dass der Bogen früher innerhalb der Stadtmauern stand und sich direkt an die Porta Aurea, das goldene Tor, anlehnte, wodurch man seine östliche Seite kaum sehen konnte. Am oberen Abschluss des Bogens erkennt man noch deutlich die drei Sockel, auf denen früher die Statuen der drei gefallenen Brüder standen. Als im Jahr 1829 die Stadtmauer gemeinsam mit der Porta Aurea geschleift wurde, blieb nur der Sergierbogen erhalten. Durch dieses Tor lief die bereits erwähnte **Via Flavia,** die vom Forum vorbei am Amphitheater direkt nach Triest führte.

Die **Familie der Sergier** schaffte es, ihren Einfluss auf Pula über Hunderte von Jahren aufrechtzuerhalten. Die erste Erwähnung im Mittelalter stammt aus 990, im Jahr 1180 wurde Bonifacio Sergi Steuerverwalter von Pula. Im 13. Jahrhundert änderte die Familie Sergi ihren Nachnamen in „Pola" und wurde 1331 in den Grafenstand erhoben, was Kaiser Franz I. 1819 nochmals bekräftigte. Besondere Bedeutung erlangte der istrianische Zweig der Familie – **de Pola** –, die bis 1464 ganz Südistrien beherrschte.

Trg Portarata, 52100 Pula

Tipp: Auf der Höhe des Triumphbogens bietet sich eine stilvolle Kaffeepause im **„Café Uliks"** (Ulysses) an, in dem der Schriftsteller James Joyce noch heute in Form einer Bronzestatue auf der Terrasse sitzt. **James Joyce,** der uns bereits auf der Ponte Rosso in Triest begegnete, arbeitete von Oktober 1904 bis März 1905 bei „Berlitz" hier am Platz und unterrichtete k. u. k. Marineoffiziere, die Englisch für ihre Karriere brauchten. Joyce war nicht besonders hingerissen vom damaligen Pola, bezeichnete es als „Sibirien der Seefahrt" und war froh, dass er schließlich einen Lehrplatz in der Berlitz-Schule in Triest ergattern konnte.

Über die Flaniermeile Pulas, die **Flanatička ulica,** mit ihren Boutiquen und Cafés geht es zur nur 350 Meter entfernten Markthalle Pulas, die uns kurz in die k. u. k. Zeit zurückführt.

15
NEUE MARKTHALLE/ TRŽNICA U PULI

Der „Mercato Nuovo" wurde 1902/03 auf der damaligen Piazza Verdi errichtet und am 18. Oktober 1903 feierlich eröffnet. Bauingenieur war **Jakob Münz** und als Architekt gilt **Otto Nobis.** Die Markthalle wurde im **Jugendstil** mit Elementen der Wiener Secession und des Historismus erbaut und als besonders spektakulär galt damals die moderne Dachkonstruktion aus Glas und Eisen, eine Arbeit der tschechischen Werkstätte Witkowitz, einem großen Stahllieferanten der Monarchie. In den oberen Stock, in dem Obst und Gemüse verkauft wurde, führt eine monumentale Steintreppe. Im Erdgeschoß waren der Fischmarkt und das Kühlhaus untergebracht.

1934/35 erstmals renoviert, wurde die Markthalle 1997 sechs Monate lang umgestaltet, sodass sie heute mit einem modernen Innenleben, Cafés, Restaurants und **erstklassigen kulinarischen Genüssen** einlädt.

Narodni trg 9, 52100 Pula
Tel. +385 52 218122, www.trznica-pula.hr

16 HERKULESTOR/ HERKULOVA VRATA

Das Herkulestor, zu erreichen von der Markthalle über die **Giardini ulica,** bringt uns wieder zurück in das römische Pola. Errichtet zwischen 47 und 44 v. Chr., war das Herkulestor offenbar kein wichtiges Eingangstor in die Stadt, da es lediglich mit einem kleinen Herkuleskopf und einem Knüppel verziert war. Einem Schutzmotiv, wie man heute annimmt, da der römische Name Pulas „Colonia Iulia Pollentia Herculanea" lautete.

Carrarina ulica 1, 52100 Pula

17 DOPPELTOR/ DVOJNA VRATA

Zur Zeit der Römer bis ins Mittelalter gab es **zehn Tore,** die den Zutritt in die Stadt erlaubten. Um die Bewohner in unruhigen Zeiten besser schützen zu können, wurden einige dieser Tore zugeschüttet, so auch das Doppeltor, das erst im 19. Jahrhundert wiederentdeckt wurde.

Die **zwei Torbögen** wurden im 2. und 3. Jahrhundert n. Chr. erbaut und sind mit drei Halbsäulen mit Kompositkapitellen und einem Reliefkranz verziert. Auf den Bögen kann man noch die Schlitze sehen, die man nützte, um die Tore zu verschließen.

Das Doppeltor dient als **Eingang** zu einem kleinen archäologischen Park mit einem teilweise rekonstruierten, achteckigen Mausoleum, dem kleinen römischen Theater sowie dem Archäologischen Museum, das im Gebäude des ehemaligen k. u. k. Gymnasiums untergebracht ist. Aktuell wird das Museum umfassend renoviert.

Doppeltor

Carrarina ulica 3, 52100 Pula

18

KLEINES RÖMISCHES THEATER/MALO RIMSKO KAZALIŠTE

Zum „Kleinen römischen Theater" gelangt man durch das **Doppeltor** oder über die **Hercuov prolaz** auf halber Höhe des Stadthügels.

Das Theater stammt aus dem 1. Jahrhundert n. Chr. und befand sich innerhalb der Stadtmauern. Dass sich Pula neben der **Arena** noch ein Theater auf dem **Monte Zaro** und eben dieses hier leistete, zeigt, wie kulturell hoch entwickelt und wohlhabend die Stadt in römischen Zeiten war.

Das Theater ist, wie die meisten römischen Theater, in Hanglage gebaut und bestand aus einer Bühne, einem Proszenium, dem Orchestergraben und natürlich dem Zuschauerraum, von dem bis heute ein Teil erhalten blieb. Auch wenn das Theater als das „kleine" bezeichnet wird, konnte es zwischen 4000 und 5000 Menschen fassen.

Kleines römisches Theater

Carrarina ulica 3, 52100 Pula

19

ZEROSTRASSE/ PODZEMNI TUNELI

Pula verfügt über ein ungewöhnliches System **unterirdischer Tunnel,** die eine verborgene Welt für sich sind – ein einziger riesiger Luftschutzbunker, dessen vier lange Arme sich krakenartig unter der Stadt hindurchziehen.

Die Anfänge dieser **Schutzräume** gehen zurück auf die k. u. k. Zeit. Da aufgrund von Pulas wichtiger militärischer Stellung viele Soldaten und hochrangige Militärs hier stationiert waren, baute man kurz vor und während des Ersten Weltkriegs ein umfangreiches Tunnelsystem, das im Fall direkter Luftangriffe Schutz bieten konnte.

Dazu wurde jeder Stadthügel untergraben und ein verzweigtes unterirdisches Netz entstand, wobei sich die größten Tunnel unter dem **Monte Zaro,** dem **Monte Ghiro** und der **Festung** befinden. Das Tunnelsystem bestand aus **Luftschutzkellern, Galerien, Durchgängen,** aber auch aus verschiedenen Lagern für Munition und andere Kriegsmaterialien. Damals konnten ungefähr 6000 Menschen in diesen circa 3 bis 6 Meter breiten und bis zu 2,5 Meter hohen Gängen Platz finden. Es gibt **vier Eingänge** in die unterirdische Stadt, die für die gleichmäßige Belüftung der ganzen Anlage sorgen, deren Temperatur sich sommers wie winters zwischen 14 und 18 Grad Celsius bewegt.

Die einzelnen Gänge fügen sich unter dem zentralen Stadthügel zu einer Art Halle zusammen.

Nach dem Ende des Ersten Weltkriegs fiel Pula an die Italiener, die diese Tunnel weiterhin nutzten und ausbauten. Im Zweiten Weltkrieg leisteten sie der **Zivilbevölkerung** gute Dienste. Mittlerweile sind die Schutzräume so aufgerüstet, dass sie 6 000 Menschen im Falle einer radiobiologischen Gefahr Schutz bieten können. In das ganze Tunnelsystem passen bis zu 45 000 Menschen. Insgesamt leistet sich die Stadt Pula **Schutzbunker für 50 000 Menschen,** also beinahe für alle Einwohner der Stadt.

Eine schönere Verwendung für die Keller ist jene für die Kultur. In der zentralen Halle sowie in den Gängen gibt es **permanente Ausstellungen** zum Thema Erster Weltkrieg, aber auch wechselnde Ausstellungen finden hier statt. Natürlich kann in den teilweise feuchten Tunneln keine wertvolle Kunst ausgestellt werden, daher handelt es sich meist um Ausstellungen mit informativem Charakter. Ebenso gibt es Lesungen und hin und wieder wird hier auch ordentlich abgefeiert.

Tunnelsystem Zerostraße

Carrarina ulica 3, 52100 Pula
Tel. +385 52 211 566
Geöffnet: 15.6.–15.9., 9–22 Uhr, Eintritt: 15 Kuna
www.ppmi.hr/en/locations/zerostrasse/

20 ARCHÄOLOGISCHES MUSEUM/ ARHEOLOŠKI MUZEJ ISTRE

Das heutige Archäologische Museum wurde 1890 als **Gymnasium** für die Kinder der Angehörigen des k. u. k. Marinepersonals errichtet. Kaiser Franz Joseph stattete dem Gymnasium im Juni 1891 einen Besuch ab.

Im Ersten Weltkrieg wurde es als Spital umfunktioniert und bereits 1930 wurde hier ein Museum eröffnet, das zuerst mit steinernen Objekten aus dem Augustustempel sowie Fundstücken aus der nahe gelegenen **römischen Stadt Nesactium** bestückt wurde. Im Zweiten Weltkrieg musste das Museum schließen und als die Italiener aus Pula abzogen, nahmen sie zunächst viele Exponate mit, die jedoch 1961 wieder retourniert wurden. Heute zeigt das Museum über 3 000 Exponate aus der prähistorischen, römischen und mittelalterlichen Geschichte Istriens. Aktuell wird das gesamte Gebäude grundsaniert.

Carrarina ulica 3, 52100 Pula
Tel. +385 52 351301 oder 351318, www.ami-pula.hr

21 KASTELL/ KAŠTEL PULA

Rund um Pula gibt es unglaubliche 44 Befestigungsanlagen, Stützpunkte und Mörserbatterien. Alle sind gut erhalten geblieben, da feindliche Angriffe auf Pulas Küste weitgehend ausblieben. Die meisten **Befestigungsanlagen** werden heute als Museum oder Eventlocation genutzt, das Fort Verudela etwas außerhalb Pulas sogar als Aquarium.

Die zentralste Festung ist das **venezianische Fort,** das auf dem Stadthügel über der Altstadt in bescheidenen 34 Metern Meereshöhe liegt. Schon in der Antike hatten die Histrier eine Siedlung hier aufgeschlagen. Die barocke Befestigungsanlage wurde von den Venezianern zwischen 1630 und 1633 auf den Resten einer mittelalterlichen Festung errichtet. Architekt war der damals bekannteste Baumeister von Befestigungsanlagen, der Franzose **Antoine de Ville,** nach dem auch die nordwestliche Bastion benannt ist.

Für den Bau wurden einmal mehr die Steine aus den römischen Hinterlassenschaften, vorwiegend des römischen Theaters auf dem Monte Zaro, verwendet sowie Quader aus den nahe gelegenen Steinbrüchen, die von Wagen mit zwanzig Ochsenpaaren den Hügel hinaufgezogen werden mussten. Die riesigen Steinblöcke wurden von Steinmetzen bearbeitet und von einem Heer von Sträflingen, die die schwersten Arbeiten verrichten mussten, verbaut.

Venezianisches Kastell

Die Österreicher übernahmen die Festung in einem verlassenen Zustand und belebten sie ab 1840 wieder neu. Von der ursprünglichen Konstruktion aus dem 17. Jahrhundert blieb nur der **Mauermantel der Bastionen** und der Kurtinen, den geraden Wällen zwischen den Bastionen, erhalten. Um den Hof der Festung mit seinem Trinkwasserbrunnen wurden **Mannschaftsunterkünfte** und diverse Lager für Verpflegung und Waffen untergebracht. 1861 und 1876 wurden Wasserreservoire für das erste städtische Wasserleitungssystem angelegt. Die Österreicher nutzten die ehemalige Verteidigungsanlage in erster Linie zur Unterbringung ihres Militärpersonals. Nach dem Ende der Monarchie verlor die Festung jedoch an Bedeutung. Bereits seit den 1960er-Jahren wird sie vom „Marinemuseum Istrien" als Ausstellungsort und für Events genutzt.

Der höchste Punkt der Festung, der betonierte Turm, stammt aus der italienischen Zeit, ist also der jüngste Zubau und bietet einen grandiosen Rundblick über die Stadt.

Gradinski uspon 10, 52100 Pula

VERUDELA

Nach so viel Innenstadt mit der prachtvollen Architektur und den zahlreichen Erinnerungen an Römer und Habsburger wenden wir uns nun der grünen Halbinsel Verudela zu, die südlich von Pula liegt. Am besten erreicht man sie mit dem Auto von Pula aus über die Veruda ulica.

Das Naherholungsgebiet (mit den besten Stränden rund um Pula) bietet sich für einen Bade- oder Wandertag oder einfach zur Erholung im Grünen an. Außerdem befindet sich dort das **Aquarium Verudela** in einem alten Fort und es hält sogar zwei weitere Highlights aus der k. u. k. Zeit bereit: die Villa Idola und das Fort Bourguignon.

22 VILLA IDOLA

Richtung Verudela, an der Veruda ulica 62, erblicken wir die verlassene Villa Idola, eine wunderschöne Jugendstilvilla, die von der Straße aus nicht zu übersehen ist. Hier lebte **Prinzessin Maria Eleonora,** die schöne, 1886 in Pula geborene, älteste Tochter des k. u. k. Admirals Erzherzog Karl Stephan von Habsburg, mit ihrem Mann Alfons von Kloss.

Alfons von Kloss, 1880 in Triest geboren, absolvierte die Marineakademie in Rijeka und war auf verschiedenen k. u. k. Schiffen eingesetzt, bei Kameraden und Vorgesetzten gleichermaßen geschätzt für sein Wissen und seine ausgezeichneten Umgangsformen. Am 11. Januar 1913 heirateten die beiden

Prinzessin Maria Eleonora; Villa Idola der Jetztzeit

in Pula und bauten außerhalb der Stadt die Villa Idola, die den Ruf hatte, die schönste Villa Pulas zu sein.

Der Architekt **Giuseppe Heininger** entwarf die Villa als offenes mediterranes Sommerhaus, in dem das Leben auf der Terrasse zur Meerseite hin stattfand. Die Villa Idola paart Elemente der Neorenaissance mit Jugendstil und war hochmodern durchgeplant. Jedes Schlafzimmer verfügte über ein eigenes Bad. Zum Haus gehörte auch ein wunderschöner **130 000 Quadratmeter großer Park** voller mediterraner Pflanzen und von überall genoss man den unvergleichlichen Blick auf das Meer. Obwohl Privathaus, wurde eine kleine Befestigung mit Schießscharte zur Verteidigung angelegt, die vom Innenhof aus zu begehen ist.

Alfons von Kloss wurde 1914 zum **Kapitän eines Linienschiffs** befördert und bekam im Ersten Weltkrieg das Kommando über ein Torpedoboot. Für seinen aktiven Dienst erhielt er viele Auszeichnungen und er gehörte zu den wenigen Offizieren, die auch nach dem Zusammenbruch der Monarchie mit ihrer Familie in Pula blieben.

Erst später verkaufte die Familie die Villa Idola an einen reichen Industriellen und übersiedelte nach Österreich. Alfons von Kloss starb 1953, seine Frau Maria Eleonora überlebte ihn um 21 Jahre und starb 1974 im Alter von 88 Jahren in Wien.

Die einst wunderschöne Villa Idola ist heute aufgegeben und wie so manch andere historische Villa entlang der istrischen Küste in einem bedauernswerten Zustand. Sie gehört mittlerweile der Stadt Pula und, wie auch zum Grandhotel Riviera, kursieren Gerüchte über eine baldige **Renovierung.** Es ist dieser romantischen Villa zu wünschen, dass ihr bald wieder Leben eingehaucht wird.

Veruda ulica 62, 52100 Pula

23
FORT BOURGUIGNON

Von der Villa Idola nur ein paar Hundert Meter Richtung Verudela liegt rechter Hand ein Parkplatz, von dem ein kurzer Fußweg zu dem nach **Admiral Anton Bourguignon von Baumberg** benannten Fort führt.

Das Fort liegt auf einem sanften Hügel und ist weitgehend intakt geblieben. Gebaut wurde es als **Fort Monsival** in den Jahren 1861 bis 1866 zum Schutz des Kriegshafens. Der Eingang öffnet sich zum Innenhof über drei Stockwerke und wurde früher von einer Zugbrücke geschützt. Das Fort besteht aus zwei Bastionen und über zwanzig Kasematten, ebenso gibt es Schießscharten für Gewehre und Kanonen. Das Eisendach, das gegen Ende des 19. Jahrhunderts konstruiert wurde, war für eine rotierende 360-Grad-Artillerie ausgelegt.

Fort Bourguignon

Nach dem Ersten sowie während des Zweiten Weltkriegs diente es zumeist als Armeequartier, wann es gänzlich aufgegeben wurde, ist nicht bekannt. In den 1970er-Jahren war der Verteidigungsgraben bereits zur Hälfte mit Müll zugeschüttet, doch das Fort rettete, dass es in den 1980er-Jahren als beliebter Platz für Rave Partys entdeckt und teilweise wieder in Schuss gebracht wurde. Heute liegt es als stiller Zeitzeuge im beinahe ursprünglichen Zustand da.

Verudela, 52100 Pula
Zum besseren Auffinden des Forts die Koordinaten: 44°50'49"N 13°50'01"E

24
AQUARIUM FORT VERUDELA

Ebenfalls sehenswert ist das Aquarium Fort Verudela.

Verudela, 52100 Pula
Tel. +385 52 381 402
Geöffnet täglich 9–16 Uhr
www.aquarium.hr

Tipp: Für eine stilvolle Pause empfiehlt sich die Terrasse des Restaurants **Ribarska Koliba,** das die Marina Verudela überblickt.

Ulica Verudela 5, 52100 Pula, www.ribarskakoliba.com

Genießen mit Ausblick: Ribarska Koliba

Verudela bietet sich außerdem für einen entspannenden Tag am Strand an. Das „Ambrela", ausgezeichnet für seine Wasserqualität, und das angrenzende „Brioni Beach" sind empfehlenswerte Strandbäder mit natürlichen Kiesstränden. Man kann Liegen mieten und es gibt Cafés, die für das leibliche Wohl sorgen.

Ambrela, Verudela 5, 52100 Pula

BRIONI/BRIJUNI

Ein weiterer schöner Ausflugstipp sind die **Brionischen Inseln** mit ihrem Naturschutzgebiet. Man erreicht sie mit den Ausflugsbooten, die am vorderen Teil der Riva (Parkplatz) in Pula ablegen. Diese bieten mit Verpflegung und Badestopp einen angenehmen Tag am Meer.

Erschlossen wurden die Brionischen Inseln von dem österreichischen Industriellen Paul Kupelwieser, der sie 1893 ankaufte und es mithilfe des Arztes Robert Koch schaffte, die bis dahin malariaverseuchten Inseln von der Anopheles-Mücke zu befreien. Kupelwieser machte die Inseln bis 1914 mit Hotels, Parks und dem ersten Winterschwimmbad zu einem bekannten Kurort, im Ersten Weltkrieg gab es dort einen U-Boot-Stützpunkt der k. u. k. Marine. Nach 1947 wurde die Insel zum bevorzugten Feriendomizil Titos, wodurch die „normale" Bevölkerung sie nicht mehr betreten durfte.

TIPPS & ADRESSEN

Parken

Zentral parkt man in Pula entlang der **Riva,** der Uferpromenade, von wo aus man bequem zu Fuß in die Altstadt kommt; oder auf den Parkplätzen direkt am **Amphitheater** oder auf Höhe des **Forums** (beides von der Riva aus zu erreichen). Man findet überall die **blau eingezeichneten Parkplätze,** sollte jedoch die Uhr im Auge behalten: 1 Stunde kostet 4 Kuna und die Automaten nehmen nur Kleingeld.

25 Parking Karolina

Wirklich zu empfehlen ist der Parkplatz Karolina direkt beim Amphitheater. Hier zahlt man erst bei der Ausfahrt, muss also nicht vorplanen und handelt sich keinen Strafzettel ein, wenn man es nicht rechtzeitig zurückschafft.

Zufahrt von der Riva, Trg Nimfeja, 52100 Pula

26 Parking Forum

Auf Höhe der Uljanik-Werft, Zufahrt von der Riva

27 Parking Auro Pula

Mutilska ulica 26, 52100 Pula

Alle Parkplätze sind gut sichtbar beschildert. Eine Übersicht zu den Parkmöglichkeiten inklusive Stadtplan bietet die Webseite *www.pulaparking.hr.*

Hotels

Im Zentrum von Pula gibt es viele privat geführte Apartments, aber kaum klassische Hotels. Die meisten Touristen kommen für einen Strandurlaub in die Region, daher liegen die Hotels eher am Meer außerhalb der Stadt, zum Beispiel in Verudela. Im Sommer ist es natürlich eine gute Alternative, die Strandnähe zu suchen und einfach mit dem Bus in die Stadt zu fahren.

Hier ein paar feine, gut gelegene Hotels und Apartments für einen Aufenthalt direkt in der Stadt:

28 Hotel Amfiteatar

Sehr zentrale Lage direkt am Amphitheater und dem angrenzendem Parkplatz. 3 Sterne, klare und sachliche Einrichtung, schöne Bäder. Das Doppelzimmer kommt auf 90 Euro pro Nacht.

Amfiteatarska 6, 52100 Pula
Tel. +385 52 375600
www.hotelamfiteatar.com

29 Villa Yachting Club

(frühere Villa Monai)

Sehr zentral, in unmittelbarer Nähe zum Marinekasino gelegen, mit schöner historischer Villenatmosphäre und 4,5 Meter hohen Räumen. Ein Apartment für 6 Personen, 2 Schlafzimmer. Ab 80 Euro pro Person pro Nacht.

Arsenalska ulica 1, 52100 Pula

Pulas Altstadt

30 Stay Inn Arena

Schöne moderne Apartments mit Terrasse, teilweise mit Blick auf die beleuchteten Kräne der Oliveninsel. Sehr edles Ambiente. Ein Apartment für 2 Personen kostet 150 Euro pro Nacht.

Emova ulica 8, 52100 Pula
Tel. +385 98 1636398

31 Boutique Hostel Joyce

Eine bessere Lage ist kaum noch möglich: direkt in der Fußgängerzone der Altstadt beim Sergierbogen. Modern eingerichtet, mit Rezeption. Darunter direkt das Café Uliks, in dem schon James Joyce seinen Frühstückskaffee trank.

Trg Portarata 2, 52100 Pula
Tel. +385 99 3242224
www.boutiquehostel-joyce.com

Essen & Trinken

32 Restaurant Milan

Seit mehr als 40 Jahren und bereits in der dritten Generation bringt das Milan frischen Fisch und traditionelle kroatische Gerichte auf den Tisch. Toll: ein Weinkeller mit über 300 Weinen. Gilt zu Recht als eines der besten Restaurants in Pula.

Stoja 4, 52100 Pula
Tel. +385 52 300200
www.milanpula.com

33 Restaurant Alighieri

Mediterrane istrische Küche, sehr gutes Frühstück. Kleines zentrales Lokal in der Altstadt. Geöffnet täglich von 8 bis 23 Uhr.

Danteov trg 3, 52100 Pula
Tel. +385 52 381984
www.alighieri-pula.com

28 Restaurant Amfiteatar

Zentral direkt beim Amphitheater gelegen, bietet das Restaurant, das zum Hotel Amfiteatar gehört, eine hochwertige mediterrane Küche in schönem Ambiente.

Amfiteatarska 6, 52100 Pula
Tel. +385 52 375600
www.hotelamfiteatar.com

34 Meating

Deftige Fleischküche vom Grill. Gut geführtes junges Restaurant im neu gestalteten Durchgang von der Riva in die Altstadt.

Ulica Svetog Teodora 1, 52100 Pula

In unmittelbarer Nachbarschaft dazu der alteingesessene

35 The Shipyard Pub

Geöffnet täglich 8 bis 2 Uhr.

Ulica Svetog Teodora 1, 52100 Pula
Tel. +385 97 792 6024

36 Orfej

In der Mitte der Altstadt, an der Haupttouristenmeile gelegen. Ordentliche kroatische Küche inklusive guten Fischgerichten. Das Orfej hat auch in der Nachsaison geöffnet. Besonders wenn im Spätherbst der eisige Wind durch die Gassen der Altstadt zischt, fühlt man sich in dem rustikalen Restaurant gut aufgehoben. Im Sommer Gartenbetrieb. Geöffnet täglich 9 bis 23 Uhr.

Ulica Porta Stovagnana 15,
52100 Pula, Tel. +385 52 214 405

37 Old City Bar

Eine Bar mit Geschichte: Man genießt sein Getränk in einem Teil des alten Stadttheaters. Überall in der Bar hängen Fotografien des früheren Theaters und der Schauspieler. Direkt am Eingang befinden sich Schließfächer für Gäste, die hier ihr Handy einsperren möchten, um einen ungestörten Abend mit ihren Freunden zu verbringen.
Geöffnet täglich 6.30–2.30 Uhr, sonntags ab 9 Uhr.

Danteov trg 1, 52100 Pula
Tel. +385 52 222 944

Restaurant Orfej in der Ulica Porta Stovagnana

500 m
VOLOSKO
2–3
37
40
Nova cesta
Lungomare
B8
Carmen-Sylva-Promenade
Nova cesta
Ulica Maršala Tita
4–6
36
7–9
41
40
1
10–13
35
38
OPATIJA
14–18
19–22
Grandhotels
24
23
Garage Slatina
Nova cesta
25
26
27
Ul. Maršala Tita
Lungomare
31–34
28
30
29
IČIĆI

Opatija

DIE PERLE DER ADRIA

Einwohner: **11 660 (2011)**
Größe: **66,1 km²**
Lage: **Ca. 100 km von Pula entfernt über die E 751 oder die E 61 zu erreichen. Opatija liegt an der Kvarner Bucht auf der Halbinsel Istrien und ist umgeben vom Učka-Gebirgsmassiv.**
Koordinaten: **45° 20′ 5″ N, 14° 18′ 25″ O**
Sprache: **Kroatisch**
Information: **Tourist Information Center Opatija, Ulica Maršala Tita 128, 51410 Opatija, Tel. +385 51 271310, www.visitopatija.com**

Zu Zeiten der Monarchie galt Opatija als das Traumziel des Südens schlechthin. Berühmt wurde es unter seinem damals italienischen Namen Abbazia, der genau wie das kroatische Opatija „Abtei" bedeutet und auf eine kleine romantische Kirche verweist, die heute am Lungomare zu besichtigen ist. Abbazia wurde gerne auch als „Perle der Adria" bezeichnet und das vornehme Seebad wird diesem Namen heute noch mehr als gerecht. Wie Perlen reihen sich die unzähligen eleganten historischen Villen und Hotels an der Küstenlinie aneinander und schon die kurvenreiche Anfahrt hinunter zur Stadt mit dem weiten Blick über die Bucht und das Meer bezaubern den Betrachter. Wir nähern uns nun der letzten Station unserer Sehnsuchtsorte, die bereits an der nordöstlichen Seite Istriens liegt, und zweifellos der Ort ist, an dem man Glanz und Gloria der Monarchie am besten nachspüren und diese romantische Reise standesgemäß ausklingen lassen kann.

OPATIJAS GESCHICHTE

Opatija lädt auch die Menschen im 21. Jahrhundert ein, für einen Augenblick aus dem Alltag auszusteigen und sich dem Laisser-faire früherer Zeiten hinzugeben, in denen das Reisen nur einer kleinen Oberschicht vorbehalten war. Schon **Flora Horn,** sächsische Reisejournalistin der Jahrhundertwende, bemerkte über Abbazia, dass man hier sehr schnell das Nichtstun lerne, wofür man an anderen Orten oft viel mehr Mühe brauche.

Und tatsächlich, auch wenn der Ort im Sommer voller Touristen ist, die den Lungomare hinauf- und wieder hinunterwandern, so hängt über den Villen der Stadt noch immer diese leise, leichte Dekadenz aus längst vergangenen Tagen, die einen weit weg bringt von der Hektik unserer „selbstoptimierten" Zeit.

Villa Neptun um 1900

Der Aufschwung des k. u. k. Kurortes begann auch hier mit dem Anschluss an die 1873 eröffnete Eisenbahnteilstrecke Pivka–Fiume (Rijeka), der **Südbahn.** Zuvor war die Anreise nach Abbazia nur mit einem Dampfschiff von Triest aus möglich, das jedoch im schlecht ausgebauten Hafen Abbazias nicht anlegen konnte. Das Schiff war gezwungen, an einer weit entfernten Boje festzumachen, und die vornehmen Herrschaften mussten mit ihren eleganten Kleidern in kleine, schwankende Barken umsteigen, was, wie Erzherzog Ludwig Salvator kritisierte, äußerst unorganisiert und lautstark ablief.

Der Generaldirektor der Südbahngesellschaft **Friedrich Julius Schüler** (1832–1894), ein begnadeter Geschäftsmann und touristischer Pionier, hatte schon länger erkannt, dass allein die Truppenbewegungen nach Triest oder Pula seine Zugstrecke auf Dauer nicht profitabel machen konnten. Er musste die Route für Privatreisende interessant machen und setzte auf die gleiche Strategie, die schon 1880 mit dem Südbahnhotel am Semmering funktioniert hatte. Er wollte ein Hotel für zahlungskräftiges Publikum verwirklichen, das seine Sommerfrische oder die milden Winter hier verbringen sollte, „balnearische Churen" absolvierte und abends auf Bällen und Konzerten das Leben genoss.

Einer der Ersten, der die Schönheit des Ortes erkannte, war der wohlhabende Kaufmann **Iginio Scarpa** aus Rijeka, der 1845 hier seine Sommerresidenz, die **Villa Angiolina,** errichtete. In den 80er-Jahren des 19. Jahrhunderts folgten dann die ersten Hotels und Villen, allen voran die beiden **Grandhotels „Quarnero"**, heute Kvarner, und **„Kronprinzessin Stephanie"**, heute Imperial, die an Luxus und Eleganz kaum zu überbieten waren.

Für die architektonische Eleganz des Seebades sorgten berühmte Architekten wie **Carl Seidl** oder **Franz Wilhelm.** Mit ihren Entwürfen pastellfarbener, offener Fassadenkonstruktionen, die viele Balkone und Loggias erlaubten, prägen sie das Aussehen Opatijas bis heute. Schmucklose Bauten im Stil der 1960er-Jahre, wie die Hotels „Ambasador“ und „Paris“, beide erbaut von **Zdravko Bregovac,** gibt es nur wenige. Anders als Portorož scheint sich Opatija nach dem Zweiten Weltkrieg in eine Art Dornröschenschlaf begeben zu haben, was der Stadt zweifellos gut getan hat.

Am 4. März 1889 wurde Abbazia zum heilklimatischen Kurort ernannt, ein Auszug aus der damaligen Kurliste liest sich wie ein „Who's who“ der gekrönten Häupter der Zeit: das Kronprinzenpaar Rudolf und Stephanie, Kaiserin Elisabeth von Österreich, oftmals inkognito hier, der deutsche Kaiser Wilhelm II. mit Gemahlin Auguste Viktoria, König Carol I. von Rumänien mit Gemahlin Elisabeth, Oskar II. von Schweden, Georg I. von Griechenland, Nikolaus von Montenegro, Albert von Sachsen und so geht es weiter. Kaiser Franz Joseph war zwei Mal zu Gast in Abbazia und es ist überliefert, dass er seine Zeit am liebsten im Spielcasino verbrachte.

Auch wenn anfangs die Kuranwendungen im Vordergrund standen, so war doch der wahre Seelenbalsam des Ortes das Schaulaufen der Gäste auf dem Lungomare oder den Terrassen der Grandhotels. Das **Unterhaltungsprogramm** für die damaligen Kurgäste war umfangreich: Wettbewerbe im Schwimmen, Pistolenschießen, Segeln, Fechten oder in „Ruder Disciplinen“. Es gab täglich Kurkonzerte, Ausflugsfahrten mit Dampferlinien und Sommerbälle in den eleganten Hotels. Aber eines war ganz besonders im Abbazia der damaligen Zeit: die Badestatuten. Der Ort gestattete als erster überhaupt das gemeinsame Baden von Frauen und Männern. Somit wurde das Kuren im Wasser zu einer gesellschaftlichen Aktivität, einem Ball im Wasser, bei dem sich die Geschlechter abseits des starren Korsetts der Zeit näher kommen konnten.

Nach dem Ersten Weltkrieg fiel Abbazia an **Italien** und verlor seinen Glanz. Nach 1945 gehörte es zum ehemaligen **Jugoslawien,** zweifelsfrei die Jahre, in denen der Charme des Badeortes am meisten zu leiden hatte. Da half es auch nichts, dass Opatija 1953 erneut zum **Luftkurort** erklärt und ein Jahr später hier ein **Institut für Thalassotherapie** gegründet wurde.

Heute hingegen lebt die Stadt mit knapp 11 700 Einwohnern wieder bestens von ihrer berühmten Vergangenheit und kommt auf knapp über 1 Million Übernachtungen pro Jahr. In die Jahre gekommene Hotels werden eines nach dem anderen renoviert und den heutigen Standards angepasst, Nostalgisches wie das **Angiolina-Bad,** wo die berühmte

US-amerikanische **Tänzerin Isadora Duncan** im Meer badete, wird liebevoll wiederhergestellt. Man schätzt die Vergangenheit, die heute wieder Gäste in den Ort bringt, und so können die „Kaiser-Franz-Joseph-Promenade" und die „Marschall-Tito-Straße" problemlos nebeneinander bestehen.

DIE GRANDHOTELS

Die beiden von der Südbahngesellschaft erbauten Grandhotels, das **Quarnero (Kvarner)** und das **Kronprinzessin Stephanie (Imperial),** zeigen heute noch eindrücklich die besondere Eleganz des damaligen Seebades.

GRANDHOTEL QUARNERO/HOTEL KVARNER

Das „Quarnero", heute Kvarner, wurde beauftragt vom Generaldirektor der Südbahngesellschaft, Friedrich Schüler, der damit seinen **„Haus- und Hofarchitekten" Franz Wilhelm** betraute. Es wurde im klassizistischen Stil auf dem Grund früherer Weingärten erbaut. Handwerker und Material für das großzügige Bauprojekt kamen aus allen Teilen der Monarchie. Das Hotel, ursprünglich konzipiert als Kur- und Heilanstalt für Lungenpatienten, wurde in einer Rekordbauzeit von nur 10 Monaten errichtet und am 27. März 1884 eröffnet.

Während des Baus wollte man die St.-Jakobs-Kirche neben dem Hotel sowie den daran angrenzenden Friedhof verlegen, um mehr Platz für den Park zu haben. Nur die Verlegung des Friedhofs gelang, die kleine Kirche blieb an ihrer ursprünglichen Stelle und bildet heute mit dem Park einen romantischen Ort der Ruhe.

Auf der Terrasse des Hotel Kvarner

Das Quarnero bestand aus zwei Bauflügeln, dem etwas älteren, südlichen Hotelteil und dem großen nördlichen Anbau für die Kuranwendungen und Warmbäder. Dieser fiel 1910 einem Feuer zum Opfer und an seine Stelle trat 1913 der imposante 800 Quadratmeter große Kristallsaal, ein Indiz dafür, dass gesellschaftliche Vergnügungen im Laufe der Zeit wichtiger wurden als die Kurbehandlungen. Der Kristallsaal mit seinem Fassungsvermögen von 950 Personen ist auch heute noch der größte Saal Opatijas. Er ist weitgehend original erhalten und wird für Bälle, Kongresse und Hochzeiten genutzt.

Meerseitig bot die Terrasse des Quarnero ein Kaffeehaus, das einst als das „eleganteste Café der Welt" gerühmt wurde. Für den Bau des Lungomare-Spazierweges, der direkt vor der Hotelterrasse vorbeiführt, musste auch dieses Café ein paar Meter vom Ufer zurückrücken. Einen eigenen vorgebauten Hotelstrand, der durch einen kurzen Tunnel unter dem Lungomare zu erreichen ist, gibt es glücklicherweise trotzdem.

Heute ist das **Kvarner** vollständig renoviert und gehört zur Gruppe der „Remisens Hotels", die auch das Hotel **Imperial** führt. Neben dem Kristallsaal sind im Kvarner beinahe alle Kristallluster erhalten geblieben, auch die großen Wandspiegel, die die Hotelgänge schmücken, stammen noch von der ursprünglichen Einrichtung. Wer das Flair genießen, aber nicht unbedingt im Kvarner wohnen möchte, dem ist ein Kaffee oder Aperitif auf der wunderschönen Hotelterrasse ans Herz zu legen, die auch vom Lungomare aus zugänglich ist. Der Blick von hier zur blauen Stunde, in der die Sonne im Meer versinkt, ist einfach unbeschreiblich. Ebenso ist das Restaurant des Hotels zu empfehlen. Es bietet ausgezeichnete mediterrane Küche mit frischen regionalen Zutaten und die Terrasse dieser historischen Location tut das Übrige, um Opatijas Charme gebührend in Szene zu setzen.

Remisens Premium Hotel Kvarner, Ulica Pava Tomašića 2, 51410 Opatija
Tel. +385 51 710 444, www.remisens.com/en/hotel-kvarner

VILLA AMALIA

Im Park neben dem Hotel Kvarner steht die Villa Amalia, errichtet 1890 speziell für Gäste, die abseits des Hotelbetriebes lieber unter sich bleiben wollten. Die deutsche Kaiserfamilie wohnte hier, ebenso die Tänzerin **Isadora Duncan** (1877–1927), die, wie es heißt, vom sanften Wiegen der Palmwedel im Park zu einer ihrer Tanzbewegungen inspiriert wurde. An sie erinnert eine kleine Statue vor der Villa.

Über **Adolph Herzog von Nassau,** ab 1894 Stammgast in der Villa Amalia, ist uns eine amüsante Geschichte überliefert. Durch einen glorreichen Einfall wurde er zur täglichen Attraktion für die Kurgäste im Park. Weil ihm sein Arzt nur eine einzige Zigarette pro Tag erlaubt hatte, spazierte er täglich mit seinem Gefolge von der Villa zum Musikpavillon und rauchte eine 50 Zentimeter lange Zigarette. Er feierte am 23. April 1901 mit seiner Gemahlin Adelheid hier in Abbazia die Goldene Hochzeit, wozu der ganze Ort festlich geschmückt und auf den umgebenden Bergen Freudenfeuer angezündet wurden. 1930 bekam die Villa Amalia ein Obergeschoß und diente in der Folge der italienischen Königsfamilie als Sommerresidenz.

KRONPRINZESSIN STEPHANIE/HOTEL IMPERIAL

Das ehemalige Grandhotel **„Kronprinzessin Stephanie"** wurde im Winter 2017/2018 umfassend renoviert und damit wieder zu einem der ersten Hotels in Opatija. Auch dieses Hotel wurde 1886 von der Südbahngesellschaft erbaut, denn schnell wurde klar, dass das Quarnero die steigende Zahl an Gästen nicht mehr bewältigen konnte. **Architekt Franz Wilhelm** stattete das Haus mit allen damals bekannten **technischen Finessen** aus, es gab sogar eine Zentralheizung, die über Kanäle im Boden warme Luft in die Räume einleitete sowie ein Schwimmbad und ein Lichtspieltheater.

Entree des Hotel Imperial

Ursprünglich sollte das neue Luxushotel „Cherso" heißen, nach der gegenüberliegenden Insel Cres, doch der geschäftstüchtige Direktor der Südbahngesellschaft holte sich bei einem Besuch des Thronfolgerpaares **Rudolf und Stephanie** die Erlaubnis, das neue Hotel „Kronprinzessin Stephanie" zu nennen. Eröffnet wurde es von seiner Namensgeberin höchstpersönlich, was das Hotel im gesamten Gebiet der Monarchie bekannt machte. Auch Kaiser Franz Joseph wohnte im März 1894 hier, um sich mit dem deutschen Kaiser zu treffen.

Im Lauf der Zeit änderte sich der Name des Hotels mit seinen jeweiligen Besitzverhältnissen. Nach dem Ersten Weltkrieg wurde es in „Regina Elena", nach der Gattin des italienischen Königs Vittorio Emanuele III., umbenannt. Nach 1945 hieß es „Hotel Moskva", später „Central" und seit 1966 „Imperial".

Ulica Maršala Tita 124/3, Tel. +385 51 710 444
www.remisens.com/en/hotel-imperial

DIE GRANDE DAME

Wer könnte besser die Geschichte des Hotel Kvarner erzählen, als jemand, der seit unbeschreiblichen 75 Jahren jeden Sommer hier verbringt? Marion Spiero, eine herzliche und hochagile 95-jährige Dame aus Mailand, sprudelt über vor Freude, mit mir ihre Erinnerungen an das Abbazia früherer Tage teilen zu können.

Ihr weißes Haar perfekt frisiert, im eleganten blauen Sommerkleid mit Perlenkette erwartet sie mich in der Lobby des Hotels und wirkt, als würde sie an keinen anderen Ort der Welt gehören. Das Gespräch beginne ich auf Italienisch, doch als sie hört, dass ich aus Wien gekommen bin, um sie zu treffen, wechselt sie sofort in ein perfektes Deutsch. Geboren 1922 in Budapest, wuchs Marion Spiero in einer gut situierten Familie auf, in der man zu Hause Deutsch sprach. Ihr Vater übernahm 1929 als Generaldirektor eine Ölraffinerie in Rijeka, dem damaligen Fiume, seine Frau und die kleine Marion begleiteten ihn, die Meeresluft galt doch als besonders gesund für Kinder.

Ihre Eltern, die in Abbazia eine Villa angemietet hatten, bewohnten zusätzlich ein Zimmer im Quarnero. Sogar eines der wenigen mit Bad, denn wollte man früher im Hotel baden, musste man das Zimmermädchen bitten, das einzige Bad auf der Etage vorzubereiten.

Nach wie vor gilt für Frau Spiero das Kvarner als „das schönste Hotel der Welt", auch wenn sie einigen Neuerungen, wie den „lästigen Plastikkarten", mit denen man heute die Zimmertüren aufsperrt, nicht viel abgewinnen kann. Vor dem großen Umbau habe es ihr überhaupt besser gefallen, als es noch den roten Salon gab, in dem die Damen am Nachmittag ihren Tee nahmen und Bridge spielten und in dem ein Klavier stand, auf dem ab und zu ein Gast etwas vorspielte. Der rote Salon verschwand, um Platz für zwei weitere Gästezimmer im Erdgeschoß zu schaffen. Erhalten blieb nur der gelbe Salon, der heute als Speisezimmer dient.

Obwohl die Eltern immer im Hotel speisten, musste Marion, bis sie sieben Jahre alt war, mit ihrem Fräulein aus Dresden zu Hause in der Villa essen. Erst nachdem ihre Mutter sie für alt genug hielt, sich benehmen zu können, durfte Marion an den Mahlzeiten im Kristallsaal teilnehmen.

Hotel Kvarner, Kristallsaal (re.)

Aber das Fräulein saß immer daneben und passte auf, dass sie nichts anstellte. Damals servierte das Hotel noch alle Mahlzeiten im Kristallsaal, der heute nur noch für Veranstaltungen geöffnet wird.
Frau Spiero kommt ins Schwärmen und erinnert sich an das Orchester, das jeden Abend auf der Empore des Saals oder auf der Terrasse Tanzmusik spielte. Für die heutige Musik sei der zwei Tonnen schwere Kristallluster nicht gemacht, der erzittert, wenn bei den Hochzeiten laute Musik mit dem wummernden Bass ertönt.
Sie erzählt von einem ganz besonderen Tanzabend, an dem sie mit ihren Eltern auf der Terrasse des Kvarner saß. Ihr Vater im weißen Smoking, ihre Mutter und sie in eleganten Abendkleidern. Damals lagen fünf Schiffe der englischen Flotte aus Malta vor Abbazia und, natürlich, die Offiziere kamen ins Quarnero zum Tanz – elegant in ihren weißen Uniformen ... Die 14-jährige Marion konnte es kaum fassen, als ein Admiral sie um einen Tanz bat. In französischer Sprache fragte er zuerst ihre Eltern um Erlaubnis, bevor er sie auf die Tanzfläche führte.
Auch an das Angiolina-Bad denkt Frau Spiero gern zurück: Hier hat sie schwimmen gelernt, sie erzählt von den luxuriösen Umkleidekabinen, ausgestattet mit duftenden Seifen. Als das Bad, zur Gänze aus Holz, kurz vor seinem 100. Geburtstag abbrannte, schickte man ihr sogar ein Telegramm nach Mailand, um sie zu informieren.
Marions Eltern verstarben früh, 1943 annektierten die Deutschen die Familienvilla. Marion blieb 21-jährig mit einem begonnenen Archäologiestudium allein zurück. Während des Krieges arbeitete sie für das Rote Kreuz, als die Russen in Budapest einmarschieren, rettet sie nur ihre Arbeit im Krankenhaus vor Übergriffen. Mit Freunden der Eltern, die sich um sie kümmerten, ging sie nach Mailand, um dort ein neues

Signora Marion Spiero

Leben zu beginnen. Leicht war es nicht, aber sie lernte Italienisch und schaffte es sogar als Dolmetscherin für Ungarisch ans Mailänder Gericht.
Es dauerte noch bis 1950, bis sie ihr geliebtes Abbazia wiedersehen konnte. Das Hotel diente in jener Zeit als Heim für Kriegsveteranen, doch die frühere Sekretärin des Kvarner erkannte Frau Spiero sofort und organisierte ihr ein Zimmer. Seitdem ist kein Sommer mehr vergangen, in dem sie nicht hierher zurückkehrte, auch wenn sie es sehr schade findet, dass die Eleganz des Hauses im Laufe der Zeit immer mehr verloren ging.
Doch trotz aller Veränderungen, die die moderne Zeit auch ins Hotel Kvarner brachte, kaum wo lassen sich Eleganz und Grandezza der Jahrhundertwende besser erleben als hier – und wer in den Sommermonaten Frau Spiero, ein Buch lesend, auf der Terrasse des „einst schönsten Hotels der Welt“ sitzen sieht, hat den besten Beweis dafür ...

VILLA ANGIOLINA

Um die touristische Vergangenheit Opatijas näher kennenzulernen, ist ein Besuch in der wunderschönen rosafarbenen Villa Angiolina unumgänglich. **Iginio Scarpa** (1794–1866), Sohn eines vermögenden Holzhändlers aus Rijeka, erwarb 1845 dieses 3,6 Hektar große Grundstück und baute 1848 hier seinen Sommersitz, den er zu Ehren seiner früh verstorbenen Ehefrau „Villa Angiolina“ nannte.

Villa Angiolina

Als besonderer Liebhaber der Botanik ließ er einen **wunderschönen Park** anlegen, voller exotischer Pflanzen, die ihm Seefahrer aus aller Herren Länder mitbrachten. Zedern aus dem Atlasgebirge, Zypressen aus der Himalayaregion und Tannen aus Kaukasien finden sich neben japanischem Bambus und Agaven aus Mexiko. Vor allem aber die blühenden **Bougainvilleen und Kamelien,** Opatijas Wahrzeichen, ließen schon Zeitgenossen den „besonderen Reiz und Charme des Parks würdigen, über dem ein zärtlicher Duft liege, den alle Italienreisenden so sehr loben und schätzen“ (Ljudevit Vukotinović, 1852).

Im August 1859 bekam die Villa zum ersten Mal Besuch aus dem Kaiserhaus, Erzherzog Ferdinand Maximilian, der spätere Kaiser von Mexiko, residierte hier. Als 1860 dann auch Kaiserin Maria Anna von Savoyen einige Monate hier weilte, machte dies Opatija mit einem Mal in der gesamten Monarchie berühmt. Weiterer gern gesehener Gast der Villa war später Kronprinz Rudolf mit seiner Frau Stephanie, die auch den steirischen Dichter Peter Rosegger hier empfingen.

Scarpas **Sohn Paolo** (1822–1884) war mit Baronin Maria von Bruck, der Tochter eines der Gründer des Österreichischen Lloyd, Karl Ludwig von Bruck, verheiratet, der ebenfalls gern Zeit hier verbrachte. 1875 musste die Familie Scarpa die Villa verkaufen, 1882 ging sie in den Besitz der **Südbahngesellschaft,** die um 1890 bereits 202 Gästezimmer, verteilt auf verschiedene Villen und Hotels in Abbazia, bewirtschaftete.

1
TOURISMUSMUSEUM VILLA ANGIOLINA UND SCHWEIZERHAUS

Seit 2007 dient die Villa, gemeinsam mit dem kleineren **Schweizerhaus,** das sich ebenfalls im Park befindet, als Tourismusmuseum. Während in der Villa Angiolina Bilder und Landschaften der Region zu sehen sind, bietet das Schweizerhaus eine interessante interaktive Karte des historischen Abbazia sowie alte Postkarten, Fotografien, Porzellan verschiedener Hotels und andere liebenswerte Memorabilien, die an die Anfänge des Tourismus erinnern. Die Villa Angiolina wurde 2001 renoviert und besonders das Entree zeigt die erlesene Innendekoration der Villa.

Park Angiolina 1, 51410 Opatija
Tel. +385 51 271 710
www.hrmt.hr
Geöffnet im Sommer 10–22 Uhr, Frühling/Herbst 10–20 Uhr, Winter 10–18 Uhr, Eintritt für beide Häuser 15 Kuna.

FLANIEREN IN OPATIJA

LUNGOMARE

Wo als in Opatija könnte der Begriff „Flanieren" angebrachter sein – die 12 Kilometer lange **Küstenpromenade** ist das unumstrittene Juwel Opatijas. So gut wie alles Sehenswerte reiht sich hier aneinander, denn schließlich wollte jeder Villen- und Hotelbesitzer einen Platz in der ersten Reihe zum Meer.

Einladung zum Flanieren: Lungomare

Gebaut wurde die Promenade zwischen 1885 und 1911 auf Bestreben des „Abbazianer Verschönerungsvereins". Das erste Teilstück von **Volosko bis Slatina** wurde bereits 1889 fertiggestellt, die **Strecke bis Lovran,** die am wenig ansprechenden Industrieviertel Slatina vorbeiführte, erst 1911.

Während des Baus gab es große Probleme mit dem Rückkauf der Grundstücksteile, die für die

Promenade gebraucht wurden. Kaum ein Villenbesitzer wollte das „Filet" seines Grundbesitzes, den Küstenanteil, wieder hergeben, dazu kam die Sorge um die Privatsphäre, die durch die künftigen „Flaneure" verloren ging. Selbst die Fischer beschwerten sich, dass sie wegen der neuen Promenade keinen Platz mehr haben würden, um ihre Netze zu trocknen.

Erst nachdem der Bezirksvorsteher ein Machtwort sprach, ja, so war das (auch) damals, konnte mit dem Bau begonnen werden und so haben wir heute die Möglichkeit, diese einmalige Promenade ohne Unterbrechung **von Preluk bis Lovran** zu genießen. Ein ausgedehnter Spaziergang am Lungomare galt schon seinerzeit als therapeutische Maßnahme. Und für jene, die unterwegs müde wurden, war sogar ein „Shuttle Service" mit Pferdekutsche entlang des Lungomare eingerichtet.

Zu ihrer Entstehung war die Promenade nach **Friedrich Schüler** benannt, dem Südbahndirektor und Tourismuspionier, unter italienischer und jugoslawischer Herrschaft wurde sie immer wieder umbenannt, doch seit 1996 trägt sie offiziell den Namen „Kaiser-Franz-Joseph-Promenade".

Auf dem befestigten Spazierweg wandert man beschattet von alten Bäumen, die vom Ufer bis ins Meer ragen, und unzählige Bänke laden zu gemütlichen Pausen mit Meerblick ein. Man passiert Badebuchten, kleine Häfen, Restaurants, Cafés, immer begleitet von den schönen antiken Messinghandläufen, die die Promenade zum Meer hin begrenzen und die erst vor wenigen Jahren restauriert wurden.

Unser Spaziergang am Lungomare beginnt am Ortseingang von **Volosko,** wo sich eine der bedeutendsten Villen der Region, die **Villa Minach** befindet. Ivan Minach, der sein Geld hauptsächlich durch den Verkauf von Zitronen an das choleragebeutelte Triest machte und später hier eine Werft besaß, ließ diese Villa erbauen. Sie erlangte Berühmtheit, weil Gyula Andrássy, ungarischer Politiker und Patriot, seine letzten Lebenstage hier verbrachte und drei Mal, so hieß es, inkognito Besuch von Kaiserin Elisabeth bekam.

Hafen von Volosko

Das verträumte und ursprüngliche Fischerörtchen **Volosko** war um 1884 Anlegepunkt der Dampfschifffahrtslinie Rijeka–Volosko–Opatija. Das Ortsbild stammt größtenteils aus dem 18. Jahrhundert und der kleine malerische Hafen bietet einige sehr gute Fischrestaurants. Für einen Spaziergang durch den Ort bietet sich die Besichtigung der um 1850 erbauten St.-Anna-Kirche an.

Restauranttipps für Volosko:

- *Konoba Tramerka, Ulica dr. Andrije Mohorovičića 15, 51410 Volosko Tel. +385 51 701 707*
- *Konoba Ribarnica Volosko, Andrije Štangera 5/5, 51410 Volosko Tel. +385 51 701 483*

2 DENKMAL HEINRICH VON LITTROW

Kapitän Heinrich von Littrow (1820–1895) war Lyriker, Dramatiker, Kartograf und Seefahrer des Österreichischen Lloyd. Er schuf als Erster ein brauchbares Relief des „Adriatischen Meeres" und verhalf Opatija mit zahlreichen Publikationen zu größerer Bekanntheit. Die ursprüngliche Büste des Gründers des **„Yacht Club Opatija"** wurde im Ersten Weltkrieg zerstört, heute erinnert eine Gedenkplakette an ihn.

3 VILLA RANSONNET/ KREMESEK

In der Bucht Lipovica, hinter einem Bambuswäldchen, steht die von **Carl Seidl** errichtete Villa des Biologen **Eugen Freiherr von Ransonnet-Villez** (1838–1926), Diplomat, Naturwissenschaftler und leidenschaftlicher Maler. Er erfand eine Taucherglocke, die ihm Unterwasserskizzen ermöglichte, sie ist heute im **Naturwissenschaftlichen Museum in Wien** zu sehen.

Über einen späteren Besitzer der Villa, **Konsul Leo Kremesek,** gibt es Pikanteres zu berichten. Er hatte eine andauernde Liaison mit seinem Dienstmädchen, weigerte sich jedoch standhaft, sie zu heiraten. Die so Gedemütigte bewaffnete sich eines Tages mit einem Messer und der Konsul – die genauen Umstände bleiben ungeklärt – ging daraufhin seines besten Stückes verlustig.

4
HOTEL BELVEDERE

Das heutige Belvedere war früher das „Kindersanatorium Dr. Szegö". Aus jener Zeit weiß man, dass das Sanatorium vor allem auf das Verbot von Tageszeitungen und Romanen setzte, um „frühreife und unerwünschte Meinungsäußerungen" der Kinder und Jugendlichen zu unterbinden.

5
VILLA ROSALIA

Hier wohnte der berühmte tschechische Geiger Jan Kubelík (1880–1940). Er ließ seine Übungszimmer schallisolieren, um auch spielen zu können, wenn Gäste im Haus waren. Im Jahr 1960 wurde in dieser Villa das erste Spielcasino Osteuropas eröffnet.

6
HOTEL MIRAMAR/ VILLA NEPTUN

Das heutige Hotel Miramar wurde als „Villa Neptun" in den Jahren 1890 bis 1897 nach den Plänen des österreichischen **Architekten Adolf Tichy** errichtet. Eine Besitzerin der prachtvollen Villa war Gräfin Laura Henckel von Donnersmarck, erst spätere Bewohner bauten die Villa so um, dass sie Schloss Miramare bei Triest ähnlich sah. Erzherzog Ludwig Salvator von Toskana verbrachte hier einige Sommer. Heute ist das Miramar ein bekanntes, österreichisch geführtes **Viersternehotel,** das ein umfangreiches Wellnessangebot und viele kulturelle Veranstaltungen bietet.

7 VILLA AMBASADOR

Hier befand sich dereinst das „Neue Sanatorium Schalk", das spätere Sanatorium Lakatós, das von dem Steirer Franz Schalk gegründet wurde. Heute gehört die Villa zum **Hotel Ambasador,** ein eher wenig gefälliger Prestigebau aus Titos Zeiten.

8 GEDENKTAFEL HENRYK SIENKIEWICZ

Die Tafel ehrt den polnischen Schriftsteller Henryk Sienkiewicz, der in Opatija die Kurzgeschichte „Corrida" schrieb, die als Entwurf für seinen späteren Erfolgsroman **„Quo Vadis"** gilt.

9 FRIEDRICH-SCHÜLER-BÜSTE

Friedrich Julius Schüler (1832–1894), ab 1878 Generaldirektor der k. u. k. Südbahngesellschaft, war maßgeblich am touristischen Aufbau Opatijas beteiligt. Die Südbahnlinie verdankt dem genialen Geschäftsmann, der den Grundstein für die Entwicklung dieses eleganten Kurorts legte, große wirtschaftliche Erfolge.

10 FREILICHTBÜHNE

Anfang des 20. Jahrhunderts plante man auf diesem Gelände einen großen Kurpalast, der jedoch wegen des Ersten Weltkriegs nie verwirklicht wurde. 1957 entstand die Freilichtbühne für Konzerte, Opern und Kulturevents. Infos zu den Veranstaltungen findet man unter: www.festivalopatija.hr.

Direkt davor zieht sich das **Bevanda** am Meer entlang – eine gelungene Mischung aus Restaurant, Café und Bar mit angeschlossenem Badestrand.

11 IVAN-MATETIĆ-RONJGOV-BÜSTE

Diese Büste, direkt vor der Villa Angiolina, ist dem Komponisten und Musiklehrer Ivan Matetić Ronjgov (1880–1960) gewidmet, der die **istrische Fünftonskala** mit ihren Halbtönen entwickelte. Der Musiker, der zeitlebens am Rande der Armut lebte, komponierte vor allem istrische Musikstücke.

BADESITTEN DER BELLE ÉPOQUE

Es war im Frühling 1884, als sich die ersten Kurgäste in Abbazia ins Meerwasser wagten. Bis dahin war **Baden im Meer,** das allein dem Vergnügen diente, völlig unbekannt. Im Gegenteil, man erachtete es als gefährlich und wenig schicklich. Die meisten Menschen der damaligen Zeit konnten auch gar nicht schwimmen, weshalb in den Seebädern vorsorglich Seile gespannt wurden, an denen man sich festhalten oder gar festbinden konnte, um dann, im Wasser stehend, die guten Meeresaerosole einzuatmen.

Auch **Badekleidung** gab es anfangs keine, man ging vollständig bekleidet und, die weiblichen Badenden, mit Korsett ins Wasser. Erst später erfand man eine strenge Badekleidung, für Damen schwarze Röcke und Strümpfe inklusive schwarzer Badeschuhe, und für Männer lange schwarze Hosen, die bis zu den Knöcheln reichten, und ab 1900 auch Matrosenanzüge.

Man kann sich den Skandal vorstellen, den die **Tänzerin Isadora Duncan** verursachte, die mit ihrer Schwester in Abbazia weilte, um sich von einer unglücklichen Liebe zu erholen. Sie ging 1903 in einer leichten blauen Tunika aus feinstem Crêpe de Chine und einem Röckchen, das ihre Knie zeigte, zum Baden ins Meer. Sogar Erzherzog Ludwig Viktor, sonst den Frauen weniger zugeneigt, soll sie begeistert durch sein Opernglas betrachtet haben.

Auch **Sonnenbäder** waren verpönt und erst langsam gewöhnte man sich daran, Luft und Sonne an die Haut zu lassen. Teilweise aus modischen Gründen, Blässe galt als elegant, teilweise aus Angst vor den „schmerzhaften Röthungen der Haut", denn Sonnencreme mit Lichtschutz war noch nicht erfunden. Dennoch räumte auch die Kurkommission ein, dass die „Belichtung der Körperoberfläche ein wertvolles Kurmittel" sei und so verordneten die Ärzte „Lichtluftbäder", die das ganze Jahr über an sonnigen Tagen genommen werden konnten. Sogar auf die Hirnfunktionen habe das Licht einen positiven Einfluss, war man sich schon damals in Ärztekreisen einig.

Doch Abbazias größte Attraktion war die ganz **besondere Freizügigkeit,** die es erlaubte, dass Männer und Frauen gemeinsam badeten. Plötzlich war das Bad im Meer nicht mehr nur allein der Gesundheit dienlich, sondern wurde zum gesellschaftlichen Ereignis, einem ungezwungenen Heiratsmarkt, an dem man sich fern der gesellschaftlichen Zwänge der Zeit, kennenlernen konnte.

Max Constantin Herz, Herausgeber der Zeitschrift „Hygiea", nannte im Januar 1895 Abbazia sogar einen **„Verlobungscurort"** und schwärmte davon, dass „der Duft von Lorbeer, Cypressen und den ewig blühenden Camelien die Herzen der verstocktesten Junggesellen öffnete und die Wärme und ein kurzer Aufenthalt am Strande Abbazias selbst Frauen mit chronischer Männerscheu glücklich in den großen Hafen der Ehe einlaufen" lasse.

12
DAS ANGIOLINA-BAD

1884 eröffnet, gilt das „Angiolina" als erste Badeanstalt Opatijas. Seine schöne Holzkonstruktion fiel leider einem Feuer zum Opfer und im Frühling 2017 wurde das Bad liebevoll restauriert. Auf den ehrwürdigen Terrassen des Angiolina-Bades wurden die **„Licht- und Badetherapien"** nach streng ärztlicher Verordnung eingenommen.

13
VILLA ANGIOLINA MIT ANGIOLINA-PARK

Die rosafarbene Villa Angiolina auf unserem Spazierweg dient, wie auf Seite 170 erwähnt, gemeinsam mit dem weiter oben im Park gelegenen Schweizerhaus seit 2007 als **Tourismusmuseum der Stadt Opatija** und gibt einen Überblick über die Entstehung des Kurortes. Nicht missen sollte man einen Spaziergang im Park, der Pflanzen aus aller Welt zeigt und im Sommer eine angenehme Kühle bietet.

14
HOTEL KVARNER MIT VILLA AMALIA

Das Hotel Kvarner gilt als **erstes Hotel dieser Region** überhaupt (siehe auch Seite 165) und ist heute noch das schönste Haus am Platz. Errichtet 1884 vom Architekten Franz Wilhelm im Auftrag der k. u. k. Südbahngesellschaft, war es ursprünglich als Lungenkuranstalt geplant. Der rechte Teil des Gebäudes, auf dem heute der blaue Schriftzug „Kvarner" zu lesen ist, war früher der Bereich für die Kurbehandlungen, seit 1910 ist hier der berühmte Kristallsaal untergebracht. Die **Villa Amalia,** im Park hinter dem Kvarner, wurde 1890 speziell für Gäste errichtet, die absolute Ruhe suchten und vom normalen Hotelbetrieb nicht behelligt werden wollten.

Bar Bevanda und Hotel Kvarner

OPATIJA

15

HELIOS-UND-SELENE-BRUNNEN

Der Helios-und-Selene-Brunnen befindet sich im Park neben dem Hotel Kvarner und ist ein Werk des Grazer Bildhauers **Johann Rathausky.** Er steht auf einem achteckigen Plateau, auf dem Postament über dem runden Marmorbecken stehen der **Sonnengott Helios** und die **Mondgöttin Selene,** zwei Figuren der griechischen Mythologie, stellvertretend für den Tag und die Nacht. Beachtenswert ist auch die riesige **Atlaszeder,** die neben dem Brunnen wächst.

16

ST.-JAKOBS-KIRCHE/ CRKVA SVETOGA JAKOVA

Die St.-Jakobs-Kirche ist ein Kleinod direkt am Lungomare. Das frühere Kloster wurde um 1420 von den Benediktinern gegründet und gilt sogar als **Namensgeber der Stadt Abbazia/Opatija,** italienisch bzw. kroatisch für „Abtei".

Erstmals urkundlich erwähnt wurde das kleine Kloster in einem Notariatsbuch aus dem Jahr 1438. Vom ursprünglichen Gebäude blieb wenig erhalten, die erste Renovierung gab es bereits 1506. Ab 1555 bewirtschaftete der **Augustinerorden,** die damaligen Feudalherren der Region, die Kirche und verkaufte diese 1723 an die Jesuiten. Nach der Auflösung des Jesuitenordens 1773 durch Papst Clemens XIV., ging die Kirche an das Kapitel von Rijeka, ihr heutiges Aussehen erhielt sie nach einem Umbau 1941/42. Das Innere des Kirchleins ist eher schlicht und kann mit dem romantischen Äußeren nicht mithalten. **Schmuckstück** ist eine Replik der Pietà von Michelangelo, gefertigt vom kroatischen Bildhauer Ivan Meštrović.

St.-Jakobs-Kirche

17 MADONNA DEL MARE

Neben der Kirche steht die Figur der „Madonna del Mare", deren Original ursprünglich auf dem Felsen des „Mädchens mit der Möwe" stand. Die ursprüngliche Madonna, 1892 ebenfalls von **Johann Rathausky** geschaffen, ging 1951 bei einem schweren Sturm im Meer verloren. Die vergoldete Replik wird von den Bewohnern Opatijas liebevoll „Madonnina" genannt.

18 THEODOR BILLROTH

Ein Relief unterhalb der Jakobskirche erinnert an den 1894 hier verstorbenen deutsch-österreichischen Chirurgen Theodor Billroth, der eine Dissertation über die Heilkräfte und Vorzüge des Ortes Abbazia schrieb.

19 KUNSTPAVILLON JURAJ ŠPORER

Der Kunstpavillon „Juraj Matija Šporer" wird heute vom Tourismusmuseum Opatija verwaltet und als Ausstellungsraum genutzt. Benannt ist der Pavillon nach dem kroatischen Arzt und Förderer der Stadt, Juraj Šporer (1795–1884), der maßgeblich am Erfolg Abbazias als Heilkurort mitgewirkt hat.

Bereits 1872 entwickelte er das Konzept der **„Balnear- und Inhalationsheilanstalt Abbazia"**, gegründet als teilweise gemeinnützige Wohlfahrtseinrichtung, die es auch armen Patienten ermöglichen sollte, die Vorteile des Kurortes zu nutzen. Leider scheiterte diese Idee an der Finanzierung, trotzdem trug sie maßgeblich zur Entwicklung des Kurbetriebes bei.

Erbaut wurde der Pavillon von dem Architektenduo Pio & Bauqué, zwischen 1908 und 1925 bekam er sein heutiges Aussehen.

In der Glanzzeit Abbazias war der Pavillon einer der beliebtesten Plätze des ganzen Ortes: Hier war das **Café Glacier** untergebracht, das frische Sachertorten verkaufte, die täglich mit dem Schnellzug direkt aus Wien angeliefert wurden.

Kunstpavillon Šporer

Dass man hier seine Torten auf dem Gelände des früheren Friedhofs Abbazias speiste, der aufgelassen worden war, um mehr Platz für den Park des Hotels Kvarner zu haben, störte niemanden. Am 17. Juni 1881, nur wenige Jahre bevor das Café eröffnet wurde, hatten hier auf dem früheren Friedhofsgelände drei übereifrige Mitbürger eine frische Leiche aus ihrem Grab gezogen und sie in der Annahme, es handle sich um einen Vampir, mit einem Weißdornpfahl durchbohrt. Ob es geholfen hat, weiß man nicht, Vampirsichtungen hat es jedenfalls in Opatija keine mehr gegeben.

20 DAS MÄDCHEN MIT DER MÖWE

Opatijas Wahrzeichen: Gruß an das Meer

Die Figur **„Gruß an das Meer"**, die auch „Das Mädchen mit der Möwe" genannt wird, ist zum Wahrzeichen Opatijas geworden. Sie wurde 1956 vom Bildhauer **Zvonko Car** geschaffen und steht heute an der Stelle, an der fast sechzig Jahre lang die **Madonna del Mare** gestanden hatte. Sie war 1892 hier aufgestellt worden, um an den tragischen Unfall am Karfreitag 1891 zu erinnern, bei dem der Reichsgraf Arthur Kesselstatt und die Reichsgräfin Anna Fries, geborene Gräfin Strachwitz, bei einem Bootsunfall ertranken. Nur der 15-jährige Sohn der Gräfin überlebte damals die Fahrt in der Ruderbarke, die kenterte, als das Wetter umschlug.

Die Madonna del Mare wurde 1951 nach einem Sturm vom Meer verschlungen. Dass sie hier nicht durch eine Replik, sondern durch das „Mädchen mit der Möwe" ersetzt wurde, kann im ehemaligen Jugoslawien durchaus politische Gründe gehabt haben. Heute ist die romantische Figur – besonders zu Sonnenuntergang – zu einem der beliebtesten Fotomotive Opatijas avanciert, und nichts erinnert mehr an die traurigen Hintergründe von einst.

21 PORTIĆ

Nach einer Biegung kommt man zum Portić, dem kleinen und ältesten Hafen Opatijas, vor dem ein bronzener **„Barkajolo"**, ein Bootsführer, auf Gäste wartet. Entstanden ist der Beruf des Bootsführers für Ausflugsboote, als immer mehr Touristen in die Stadt kamen und man außer Waren auch Touristen beförderte.

Von Opatijas ursprünglichen Bewohnern waren die wenigsten Fischer oder Seeleute. In erster Linie ging man der harten Arbeit eines **Hirten oder Bauern** nach. Fast niemand konnte schwimmen, geschweige denn ein Schiff steuern. Als der Fremdenverkehr in die Stadt einzog, änderte sich dies innerhalb einer Generation. Man entdeckte, dass es auch ein weniger mühevolles Leben gab, als sich den ganzen Tag mit der Hacke auf dem Feld abzuplagen. Vom Verkauf von Haifischzähnen bis zum Steuern von Ausflugsbooten entwickelten sich gänzlich neue Geschäftszweige, an die die Figur im Portić erinnern soll.

22 HOTEL MILENIJ

Das historische Milenij, das als **Hotel Hasslinger** begann, hatte wie viele Hotels in Opatija schon einige Besitzer. Was jedoch Bestand hatte, ist das beliebte **Café Wagner** im Erdgeschoß. Seit seiner Eröffnung im Jahr 1889 ist es bei den Kurgästen und heutigen Touristen gleichbleibend beliebt und bietet von seiner Terrasse einen wunderschönen Blick auf den Lungomare und das Meer. Das Café Wagner ist berühmt für seine **Kamelientorte,** die entstand, um die Kamelie, das Wahrzeichen Opatijas, zu feiern – aber auch für seine 64 verschiedenen Pralinensorten.

Café Wagner

23

SLATINA BEACH

Der Slatina Beach ist mit seinen 20 000 Quadratmetern der **größte Strandkomplex** Opatijas. Auf den ersten Blick wirkt die betonierte Fläche, die keinen Naturschatten bietet, nicht so recht einladend, doch bemüht sich die Stadt, den Platz durch Cafés und Restaurants ansprechend zu gestalten.

Einst gab es hier eine Reihe hübsch verzierter, hölzerner Umkleidekabinen, die aber durch ein Unwetter zerstört wurden.

Heute ist der **Stadtteil Slatina** das Zentrum des langgezogenen Ortes. Bevor man hier die ersten Villen und Hotels baute, war Slatina ein feuchter und übel riechender Vorort, in dem das Gaswerk und die Wäscherei untergebracht waren, ab 1889 auch der Pferdestall für Hotels und Gäste. Als sich die Stadt immer weiter auszubreiten begann, wurde das inzwischen entstandene Industriegebiet verlegt. Die erste Villa, die hier gebaut wurde, war die **Villa Frieda,** worauf schnell weitere Häuser folgten.

24

HOTEL MOZART, HOTEL BELLEVUE UND HOTEL PALACE

Bei der ansprechenden rosafarbenen Villa im Wiener Secessionsstil auf der gegenüberliegenden Straßenseite handelt es sich um das heutige **Hotel Mozart.** Das nahe **Hotel Palace** wurde von 1906 bis 1908 im neoklassizistischen Stil von **Architekt Josef Grusser,** der 1891 das Nachbarhotel **Bellevue** entworfen hatte, erbaut. Das Palace und das Bellevue sind mit einem Tunnel verbunden, der für manch amouröses Abenteuer genutzt wurde. Das elegante Palace nahm seinerzeit immer wieder Gäste des Hotel Kvarner auf, wenn dieses belegt war. Auch Thronfolger Franz Ferdinand wohnte hier.

25

VILLA MADONNA/ VILLA SCHALEK

Um die Villa Madonna, erbaut 1891 von Architekt Emilio Ambrosini, rankt sich das Gerücht, dass Kaiser Franz Joseph viele Stunden mit seiner Freundin **Katharina Schratt** hier verbracht haben soll. Seit 2002 ist in der Villa das Casino untergebracht.

Opatijas Casino

26 VILLA JEANETTE

Auch diese Villa trägt die Handschrift Emilio Ambrosinis. Hier schrieb **Gustav Mahler** 1901 Teile seiner Vierten Sinfonie, woran die Plakette an der Villa erinnern soll. **Oskar II. König von Schweden und Norwegen** wohnte 1904 drei Monate lang hier und traf sich mit Kaiser Franz Joseph, der zur Eröffnung der evangelischen Kirche Opatijas angereist war. Heute ist die Villa Sitz des kroatischen Energiekonzerns HEP.

27 VILLA GLAX

Einstiger Eigentümer war der Wiener Arzt für Hydrotherapie und Balneotherapie, Professor Julius Glax (1846–1922), auch er ein Initiator und Förderer des Kurbetriebs in Opatija. Glax studierte in Innsbruck, Graz und Wien und ließ sich später in Opatija nieder.

28 VILLA ARISTON/ VILLA HAAS

Die Villa Ariston ist mein persönlicher Favorit am Lungomare. Sie wurde 1908 von **Baronin Hedwig von Haas-Teichen** erbaut, die Oswald Meese als Architekt beauftragte. Ihr jetziges Aussehen verdankt die Villa aber dem berühmten Architekten **Carl Seidl,** der sie in den Jahren 1915 und 1924 erweiterte. In den 1960er-Jahren wurde die Villa zu einem Hotel umfunktioniert und bekam den Namen Villa Ariston.

Die herrliche Lage und der schöne englische Garten machen die Villa zu einem Kleinod unter Opatijas Hotels. Das Innere der Villa blieb fast zur Gänze original erhalten, an den Wänden hängen Werke niederländischer Meister aus dem 17. Jahrhundert. Das Restaurant, ein absoluter Feinschmeckertipp, wurde zum besten kroatischen Restaurant 2017 gekürt und die Hotelbar im Garten lädt zu einem mondänen Aperitif ein.

Das Restaurant **Villa Ariston** hat nur wenige Parkplätze, besser ist eine Taxifahrt, von der Stadtmitte aus um circa 30 Kuna.

Ulica Maršala Tita 179, 51410 Opatija
Tel. +385 51 271 379

Frühstücksterrasse Villa Ariston

29 TEUFELSGROTTE

Die „Grotta del Diavolo" liegt am **höchsten Punkt der Strandpromenade** an der Punta Kolova. Es heißt, dass bei stürmischer See unheimliche heulende Geräusche aus der Grotte dringen und man annimmt, dass der Teufel in der Grotte hause. Gesehen hat ihn allerdings noch niemand.

30 IČIĆI

Der **kleine Küstenort** Ičići hat ungefähr 800 Einwohner. Im Mittelalter waren hier ein Jesuitenkloster sowie ein wichtiger Umschlagplatz für Holz. 1881 wurde der Hafen ausgebaut, damit die immer größer werdenden Handelsschiffe, die Wein, Kohle und Olivenöl verluden, anlegen konnten. Heute liegt hier der moderne **Jachthafen** mit großem Hotelkomplex und einem Aquapark.

31 VILLA MÜNZ

Majestätisch thront die Villa Münz, auch **Villa Emma** genannt, weithin sichtbar über dem Lungomare. Je näher man allerdings kommt, desto weniger möchte man seinen Augen trauen, in welch erbärmlichem Zustand diese einst als schönstes Jugendstilbauwerk der österreichischen Riviera gerühmte Villa ist.

Die Villa Münz wurde 1903 vom österreichischen Bauunternehmer **Jakob Ludwig Münz** und seiner Frau **Emma** erbaut. Münz, Besitzer eines Steinbruchs in Südtirol und Bauherr des Grandhotels Riviera in Pula, baute auch die **erste Straßenbahn Opatijas.**

Villa Münz

Die Villa hat eine Wohnfläche von 1 200 Quadratmetern, die sich auf 10 Zimmer verteilen, und ist außen über und über mit Jugendstilornamenten und Balustraden verziert. Besonders auffällig ist das Dach aus gebrannten Glasschindeln.

Nach dem Zweiten Weltkrieg diente die Villa als **Gewerkschaftsheim und Lungensanatorium** für Kinder und nach dem Jugoslawienkrieg als Flüchtlingsheim. 1999 wurde sie von der Stadt Opatija um kolportierte 1,5 Millionen Euro an das amerikanische Ehepaar Hopper verkauft, das sich der Villa jedoch wegen überbordender Bürokratie und der späteren Scheidung nie annahm. Heute steht ein Rechtsstreit zwischen der Gemeinde Opatija und dem Staat Kroatien über die **Eigentümerverhältnisse** im Raum, während dieser Prachtbau leider weiter verfällt.

32 IKA

Das **Örtchen Ika** war einst bekannt für seine wichtige **Werft,** die bis 1850 aktiv war. Später wurden hier im Auftrag der Südbahngesellschaft **Obst, Gemüse und Wein** angebaut, um die Gäste der Hotels in Abbazia zu versorgen.

33 VILLA ASTRA

Der Italiener Nicolò Guerra, der mit einer österreichischen Tänzerin der Wiener Oper verheiratet war, erbaute diese Villa im venezianischen Stil, die damals Villa Guerra hieß. Heute beherbergt die Villa Astra ein exklusives Viersternehotel.

34 LOVRAN

Das Ende des Spaziergangs auf der **Kaiser-Franz-Joseph-Promenade** bildet Lovran. Die Stadt, die nach dem **Lorbeer** benannt ist, der hier überall wächst, gilt als eine der ältesten Städte der Ostküste Istriens. Der Reiseschriftsteller **Johann Weichard Valvasor** schrieb im 17. Jahrhundert, man handle in Lovran mit Leinen, Wein, Oliven und Esskastanien. Besonders der Schiffsbau entwickelte sich später rasant, 1815 waren von 55 ansässigen Unternehmen in der Stadt 38 Reedereien. 16 Schiffe der k. u. k. Marine kamen aus den Werften von Lovran. Später verlagerte sich der Schiffsbau nach Volosko in die Minach-Werft.

Neben vielen historischen Villen und einer mittelalterlichen Altstadt gibt es in Lovran auch eine romanische Kirche aus dem 13. Jahrhundert, die dem heiligen Georg geweiht ist. Für die Fahrt zurück nach Opatija oder Volosko bietet sich die Buslinie 26 an. Fahrkarten sind im Bus oder in Trafiken erhältlich.

Tipp: Auf jene, die sich nach dieser Wanderung mit Kulinarischem belohnen möchten, wartet das Restaurant Najade direkt an der Hauptstraße in Lovran mit frischen Fischgerichten und einer einladenden Terrasse zum Meer.

Najade, Šetalište Maršala Tita 69, 51415 Lovran,
Tel. +385 51 291866

CARMEN-SYLVA-PROMENADE

Opatija bietet neben der Kaiser-Franz-Joseph-Promenade einen weiteren berühmten Weg: die **Carmen-Sylva-Promenade.** Der Waldweg ist ungefähr 8 Kilometer lang und schlängelt sich auf einer Höhe von 100 Metern über dem Meer an den Hängen des Berges Učka entlang, der Opatija umgibt.

Der Weg entstand, nachdem **König Karl I. von Rumänien** sich 1896 bei einem Ausritt verirrte und stundenlang den Weg zurück nach Abbazia suchen musste. Außer sich vor Zorn, beklagte er sich lautstark beim damaligen Bezirkskapitän Baron Arthur von Schmidt-Zabierow, der jedoch bedauernd antworten musste, dass das Geld für eine Wegbeschilderung fehle. Prompt stellte der König die Mittel zur Verfügung.

1901 konnte so der „König-Karl-Wanderweg" fertiggestellt werden, der heute unter „Carmen-Sylva-Promenade" firmiert, jenem Künstlernamen, den König Karls Gemahlin, **Elisabeth von Rumänien** (1843–1916), geborene Prinzessin zu Wied, trug.

Unter dem Namen Carmen Sylva veröffentlichte sie **Gedichte und Erzählungen,** in denen sie oftmals den Tod ihrer dreijährigen Tochter verarbeitete. Sie war sozial engagiert, gründete Schulen und Krankenhäuser und unterhielt eine enge Freundschaft zu Kaiserin Elisabeth von Österreich. Ihre oftmals **kritische Haltung** gegenüber der zeitgenössischen Politik, die sie mit großer Klarheit und Schärfe verbalisierte, brachte ihr Kritik und in späteren Jahren sogar eine ärztlich attestierte Geisteskrankheit ein, eine damals allzu gängige Praxis, kritische Stimmen zum Schweigen zu bringen. Und so hörte sich Carmen Sylva an:

„Der Mann ist eifersüchtig auf seiner Gattin Geist, Talente, kurz auf alles, womit sie glänzen kann, wodurch er fürchtet, in den Schatten gestellt zu werden."

„Wenn wir die Erde gegen einen Angriff von außen verteidigen müßten, würden wir plötzlich alle Brüder sein, da gäbe es keine Grenzen mehr und keinen Erbfeind und keinen Hader, ja, man würde vergessen, worüber man eben noch Krieg führte, und es ganz unbegreiflich finden, dass man entzweit sein konnte, so notwendig würden alle allen sein in dem Kampf um die Erde gegen einen auswärtigen Feind."

TIPPS & ADRESSEN

Opatija ist eine Tourismusdestination mit wenig gewachsener Ortskultur, eine Infrastruktur für das tägliche Leben der Bewohner scheint sich schwer zu entwickeln. Man kann hochklassig essen, findet aber selten Einheimische in den Lokalen. Ähnliches gilt fürs Shopping – es gibt jede Menge Juweliere und Boutiquen, doch wenn man einen Supermarkt sucht, muss man schon genau schauen.

Parken

Die Parksituation in Opatija kann man ohne Übertreibung als schwierig einstufen. Es gibt nur eine öffentliche Parkgarage in der Stadt, einige Hotels verfügen über eigene, meist unterdimensionierte Parkplätze, viele bieten jedoch einen Parkservice an.
Egal, wie man sich entscheidet, in jedem Fall ist mit 15 bis 20 Euro pro Tag für das Parken zu rechnen. Direkt an der Straße zu parken ist keinesfalls günstiger und eher die nervenaufreibendere Variante, da man ständig Kuna nachwerfen muss. Für entspannte Tage lieber gleich ein Hotel mit Parkmöglichkeit buchen oder die **Garage Slatina** in der Ulica Maršala Tita 166 (Tel. +385 51 690 293) am Ortseingang nutzen, hier gibt es auch ein kleines Einkaufszentrum *(www.garageopatija.hr)*.

Restaurants

22 Argonauti im Hotel Milenij

Hier speist man im früheren Tanzsaal des Hotels unter den Fresken des Wiener Malers Karl Ludwig Hassmann. À-la-carte Restaurant, wunderschönes Ambiente mit gehobener mediterraner Küche und sehr guter Weinkarte.

Ulica Maršala Tita 109
51410 Opatija
Tel. +385 51 278 016

Restaurant Argonauti

Cantinetta Sveti Jakov

35 Cantinetta Sveti Jakov

Eine besondere Atmosphäre bieten die Arkaden des Restaurants Cantinetta Sveti Jakov. Hier serviert man mediterrane Spezialitäten mit italienischem Flair, frischen Fisch, selbstgemachte Teigwaren, istrischen Rohschinken und frisch gebackenes Brot. Dienstags geschlossen.

Ulica Pava Tomašića 1
51410 Opatija
Tel. +385 51 202 099

36 Žiraffa Opatija

Gute und reichhaltige Küche, Steaks, Burger, Pizza in einem zwanglosen Ambiente. Geöffnet 11–24 Uhr.

Ulica Maršala Tita 80, 51410 Opatija
Tel. +385 51 737 883

Etwas außerhalb:

37 Plavi Podrum in Volosko

Das Plavi Podrum („Blauer Keller") liegt direkt im kleinen, verträumten Hafen von Volosko und bewirtet seit rund 100 Jahren seine Gäste mit frischer mediterraner Fischküche.

Obala Frana Supila 6, 51410 Opatija
Tel. +385 51 701 223
www.plavipodrum.com

Cafés & Bars

22 Café Wagner

Die Terrasse des Cafés mit Blick aufs Meer ist einer der beliebtesten Plätze in Opatija, um gemütlich zu frühstücken oder nachmittags einen Kaffee mit einer der vielen selbst gemachten Mehlspeisen der Konditorei zu genießen.

Ulica Maršala Tita 109
51410 Opatija
Tel. +385 51 202 071

38 Bevanda

Das Bevanda ist Opatijas Platzhirsch und bietet für jeden etwas. Im vorderen Teil die hipste Bar vor Ort mit angeschlossenem Strandbad, im hinteren Teil ein edles Restaurant mit einer Bar, in der man auf bequemen Polstermöbeln und direktem Meerblick gediegen seine Drinks genießen kann. Das Restaurant ist berühmt für seine Scampi aus dem Kvarner Golf. Geöffnet 12–24 Uhr.

Zert Ulica 8, 51410 Opatija
Tel. +385 51 493 888

39 Laurus

Haubenküche in einer stilvollen Villa mit Terrasse zum Meer. Exquisite Fischgerichte, Hummer und Langusten in edlem Ambiente.

Nova cesta 12a, 51410 Opatija
Tel. +385 51 741355
www.villa-kapetanovic.hr

Hotels

In Opatija gibt es für fast jeden Geldbeutel das passende Hotel, trotzdem ist der Ort keine wirklich günstige Urlaubslocation. Durch die eher bescheidene Strandsituation lassen sich jene Hotels, die über einen privaten Zugang zum Meer verfügen, diesen auch bezahlen.

40 Hotel Bristol

Wem der Strand nicht so wichtig ist, aber trotzdem ein wenig k. u. k. Flair schnuppern möchte, der ist im Hotel Bristol besonders gut aufgehoben. Hübsches Dreisternehaus in dem für Opatija typischen historischen Baustil. Unschlagbar sind die kleinen Balkone mit Meerblick, über die fast jedes Zimmer verfügt. Liegt sehr zentral an der Hauptstraße, circa 150 Euro pro Nacht im Doppelzimmer.

Ulica Maršala Tita 108
51410 Opatija
Tel. +385 51 706 300
www.hotel-bristol.hr

41 Amadria Park Agava

Neu renoviertes und ausgezeichnetes Viersternehotel in einer historischen Villa im Herzen der Stadt. Ansprechende Zimmer, schöne Terrasse, herrliche Aussicht zum Meer. Gehört zur Gruppe der Milenij Hotels. 120 Euro pro Nacht im Doppelzimmer.

Ulica Maršala Tita 89, 51410 Opatija
Tel. +385 51 278 007

DANK

Mein besonderer Dank gilt Rossana Matejčić Miljević, die mir mit ihrem umfangreichen historischen Wissen beim Erkunden des österreichischen Pula zur Seite stand, und Francesco Casarini für seine Unterstützung bei den vielen Reisen zu diesem Buch. Ein spezielles Dankeschön geht wieder an meine großartige Lektorin Nicole Richter, die mich nun schon zum zweiten Mal mit ihrer Erfahrung und Ruhe ans Ziel gebracht hat.

QUELLEN UND WEITERFÜHRENDE LITERATUR

- Cvek, Elmo: Order Nr. 12 - Pula in the Austrian Epoche, Histria Croatica, 2015
- Donko, Wilhelm M.: Pola/Pula - Ein historischer Reiseführer durch den ehemaligen Hauptkriegshafen von Österreich-Ungarn in Istrien, epubli, 2015
- Gatscher-Riedl, Gregor: Triest - k. u. k. Sehnsuchtsort und Alt-Östereichs Hafen zur Welt, Kral 2017
- Hamann, Brigitte: Elisabeth - Kaiserin wider Willen, Amalthea, 1981
- Lehner, Christian: Piran für alle Jahreszeiten, Johannes Heyn, 2015
- Muzur, Amir: Das Goldene Gästebuch von Opatija, Turistička zajednica grada Opatije/Grafika Zambelli, 2014
- Muzur, Amir: Opatija Abbazia - Spaziergang durch Raum und Zeit, Grafika Zambelli, 2000
- Ramhapp, Britta: Triest - Stadt zwischen Karst und Meer, Styria Regional, 2016
- Rupperti, Evelyn: Grado - der nahe Süden zu jeder Jahreszeit, Styria Regional, 2014
- Sachslehner, Johannes: Abbazia - k. u. k. Sehnsuchtsort an der Adria, Kral, 2016
- Trippolt-Maderbacher, Silvia: Genießen in Friaul-Julisch Venetien - Die besten Adressen zwischen Bergen und Meer, Styria, 2017
- Tschernitz-Berger, Elisabeth: Genießen im Karst - Das Beste der italienisch-slowenischen Grenzregion, Styria, 2017
- Žic, Igor: Opatija - ein Reiseführer für Stadt und Umgebung, Kroatisches Tourismusmuseum, 2017

Bildnachweise: Alle Fotos © Britta Ramhapp, außer auf den Seiten: 2: Fotolia/st1909; 5, 6 Mitte, 12, 15, 27 oben, 50, 82: AKON/Österreichische Nationalbibliothek; 6 unten: Portorož 1909, AKON/Österreichische Nationalbibliothek; 16, Umschlag Rückseite: AKON/Österreichische Nationalbibliothek, Verlag Schimpl, 1909; 18 links: Grand Hotel Astoria Grado; 9 Depositphotos/laszlo.szelenczey; 28, 29: Nicole Richter; 47: Savoia Excelsior Palace, Triest; 49 unten: Grand Hotel Duchi d'Aosta, Trieste; 51: Johann Joachim Winckelmann von Raphael Mengs nach 1755, Wikimedia Commons; 52 beide: Savoia Excelsior Palace, Triest; 59: SS Thalia am Molo San Carlo, Postkarte 1909, Wikimedia Commons; 60, 61, 68: Francesco Casarini; 62: Consorzio promotrieste; 66: Creative Commons/Orlovic; 77: Lithographie von Josef Kriehuber, 1855, Wikimedia Commons, Foto: Peter Geymayer; 81, Umschlag Rückseite: Charlotte und Maximilian, unbekannter Fotograf 1857, Wikimedia Commons; 108: Portorož 1909, AKON/Österreichische Nationalbibliothek; 126: Hans Birch Dahlerup, Lithografie von Eduard Kaiser 1850, Wikimedia Commons. Foto: Peter Geymayer; 129: Wikimedia Commons; 154: By Atelier Adele - ÖNB, Wikimedia Commons; 163: Abbazia - Villen am Nordstrand, AKON/Österreichische Nationalbibliothek; 170: Opatija Tourist Board, Photo by Marco Vrdoljak; 176: 1911, AKON/Österreichische Nationalbibliothek; 186: Royal Collection/Franz Mandy, 1882, Wikimedia Commons; 192, Umschlagklappe hinten: Depositphotos/xbrchx; Umschlag vorne, Umschlag Rückseite: Britta Ramhapp • Karten: designation e.U.

Opatija, die Perle der Adria